DE LA
SOCIÉTÉ EN DROIT ROMAIN

ET DES

SOCIÉTÉS A RESPONSABILITÉ LIMITÉE

PAR FERNAND COMMOY

AVOCAT A LA COUR IMPÉRIALE DE BESANÇON

THÈSE POUR LE DOCTORAT

SOUTENUE A DIJON LE 23 AOUT 1866

SOUS LA PRÉSIDENCE

DE M. MORELOT.

CHEVALIER DE LA LÉGION D'HONNEUR, DOYEN DE LA FACULTÉ.

BESANÇON,

IMPRIMERIE DE JULES ROBLOT, RUE DU CLOS, 31.

1866.

DE LA

SOCIÉTÉ EN DROIT ROMAIN

ET DES

SOCIÉTÉS A RESPONSABILITÉ LIMITÉE

PAR FERNAND COMMOY

AVOCAT A LA COUR IMPÉRIALE DE BESANÇON

THÈSE POUR LE DOCTORAT

SOUTENUE A DIJON LE 23 AOUT 1866

SOUS LA PRÉSIDENCE

DE M. MORELOT.

CHEVALIER DE LA LÉGION D'HONNEUR, DOYEN DE LA FACULTÉ.

BESANÇON,

IMPRIMERIE DE JULES ROBLOT, RUE DU CLOS, 31.

1866.

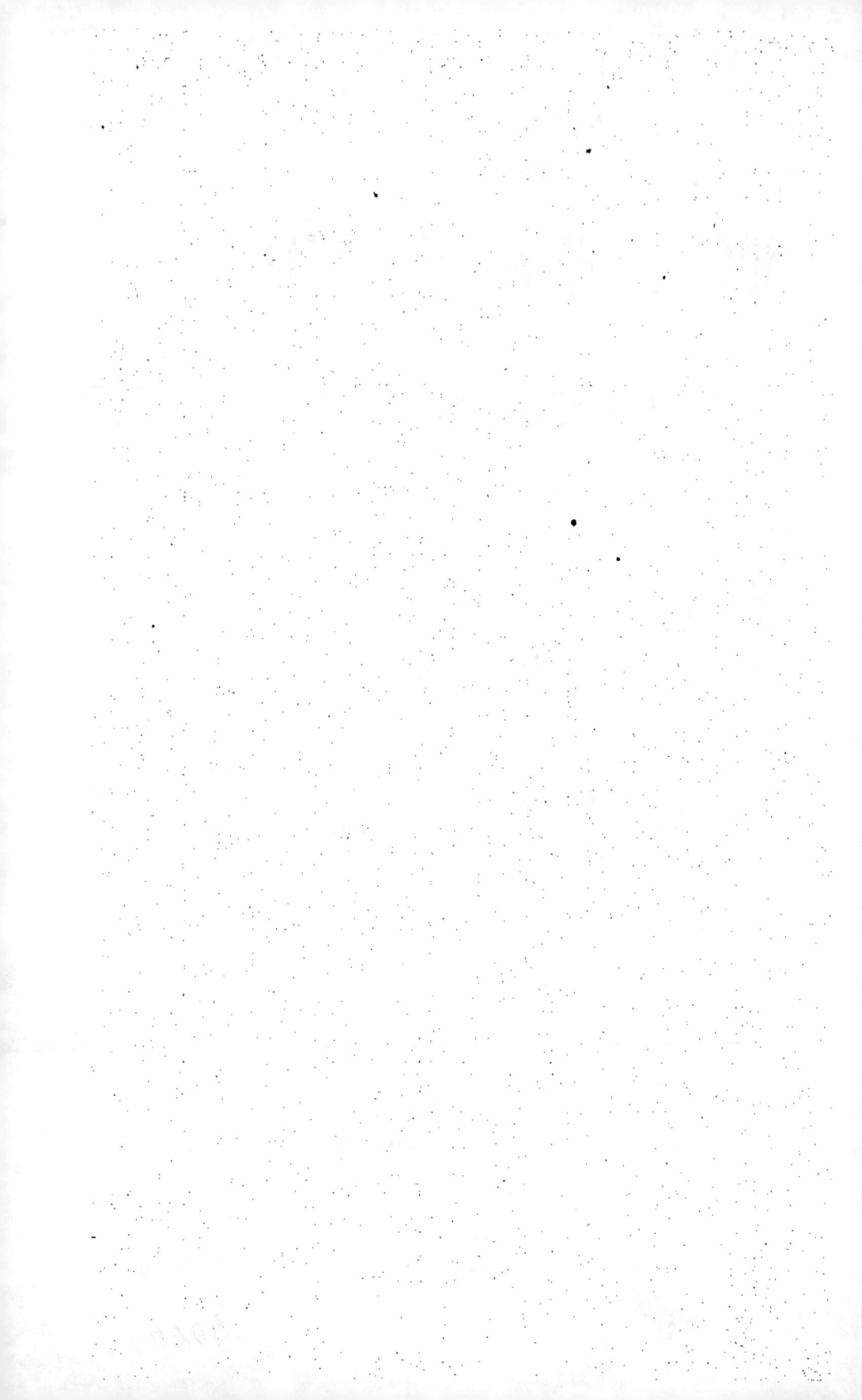

A MON PÈRE, A MA MÈRE.

PREMIÈRE PARTIE.

DE LA SOCIÉTÉ EN DROIT ROMAIN

(Pro Socio, D. L. xvii, T. ii. — C. L. iv, T. xxxvii.)

CHAPITRE PREMIER.

NATURE DU CONTRAT DE SOCIÉTÉ. — SES ÉLÉMENTS ESSENTIELS. — SON BUT ET SON OBJET.

La société est un contrat par lequel deux ou plusieurs personnes s'engagent à mettre en commun des valeurs quelconques, ou leur industrie, afin d'en retirer un profit commun licite et appréciable en argent. Placée au nombre des contrats dits *consensuels*, la société, comme le louage, la vente et le mandat, se forme par le seul consentement des parties. Ce consentement forme la *causa civilis* qui engendre l'action ; peu importe, du reste, de quelle manière il est donné. La société, dit Modestin, peut naître *re, verbis, per nuncium* [1]. Gaïus ajoute *inter absentes, per epistolam*. Cela ne veut pas dire que la société soit un contrat réel, littéral, verbal.

[1] D. Pro Socio L. 4.

Le fait producteur de l'obligation c'est le consentement. Seulement ce consentement se manifeste *re* par la mise en commun ; *verbis*, par un accord exprès, avec ou sans stipulation ; *per nuncium*, lorsque quelqu'un charge un messager de porter son adhésion ; *per epistolam*, lorsqu'on accepte par lettre la convention proposée. — Ce contrat produit entre les associés des obligations réciproques qui s'apprécient selon la bonne foi, et ne sont point distinctes en deux rôles différents, comme dans la vente et le louage ; elles sont de même nature pour tous. Aussi les contractants portent-ils tous le même nom (*socii*), et le contrat est-il muni d'une seule action, l'action *pro socio*.

La société romaine n'est point une personne morale ; elle n'acquiert le bénéfice de la personnalité que par la consécration souveraine de l'Etat. Hors de là, point de fictions juridiques, des associés, des relations individuelles, une réunion d'individus unis par des devoirs et des intérêts communs. Le fragment I de Gaïus *quod cujuscumque universitatis...* justifie notre opinion. Que dit Gaïus ? « *neque societas, neque collegium, neque hujusmodi corpus passim omnibus habere conceditur.* » Or, cette expression *hujusmodi corpus* ne prouve-t-elle pas que la personnalité est le privilége d'un genre spécial d'association ? Puis plus bas Gaïus nomme les sociétés qui relèvent de la sanction impériale : les sociétés *vectigalium*, les *collegia*, les *corpora*. Et un peu plus loin il ajoute :

quibus permissum corpus habere. Y a-t-il une locution plus décisive, plus explicite? Qu'on ne nous objecte point le texte de Florentinus : *mortuo reo promittendi, et ante aditam hereditatem fidejussor accipi potest : quia hereditas personæ vice fungitur; sicuti municipium, et decuria et societas* [1]. Car ce texte est un argument en notre faveur. Il ne s'agit pas, en effet, dans ce passage de Florentinus, de toutes les sociétés proprement dites, mais seulement des sociétés légales assimilées aux corporations et appelées parfois *universitates*. Le rapprochement des mots *municipium* et *decuria* montre bien le sens dans lequel on doit entendre *societas*.

En principe toute personne est capable de prendre part au contrat de société, le fils de famille, l'esclave, le pupille. Le titre *Pro socio* contient nombre de lois où il est question des sociétés contractées par les fils de familles, les esclaves, les pupilles. Parcourons rapidement les espèces que nous ont conservées les jurisconsultes romains.

Un fils de famille s'associe par ordre de son père. Le fils est tenu *jure civili* pour le tout par l'action *pro socio*. Mais le père est-il obligé? D'après le droit civil, non : seulement le préteur donne contre lui l'action *pro socio* avec la modification *quod jussu* ou *institoire*. Labéon, dans la loi 84 *Pro socio* accorde même contre le père

[1] D. De fidejuss. L. 22.

une action *directe*. Qu'est-ce que cette action *directe?*
Si l'on en croit Accurse, cette action directe est la *condictio certi* [1].

Le fils de famille entre dans une société à l'insu de
son père. Que décider? Si le père a donné un pécule au
fils, il est tenu de l'action *de peculio*. Il peut être également tenu de l'action de *in rem verso* [2]. Enfin, le préteur admet directement la *condictio* contre le père, toutes
les fois que ce dernier a profité d'une opération donnant
naissance à la condiction [3]. Quant au fils, il est tenu
pour le tout par l'action *pro socio*.

Un esclave a contracté une société avec un homme
libre. Selon le droit civil, ni l'esclave, ni le maître ne
sont obligés; mais si le maître a consenti à l'association,
le préteur considère la société comme valable et donne
contre le maître l'action *pro socio quod jussu*. Le maître
est aussi tenu de répondre à l'action *directe* de la loi 84
Pro socio. — Si la société a été formée à l'insu du
maître, celui-ci n'est tenu que de l'action *de peculio* ou
de in rem verso. Faisons remarquer que, comme l'esclave n'a aucune capacité, on n'intente jamais contre
lui l'action *pro socio*.

Le pupille peut s'associer avec l'autorisation de son
tuteur. Mais le défaut d'autorisation n'annule point la
société; seulement le pupille n'est pas tenu de l'action

[1] Corp., Jur. civ. col. 1735. — [2] Instit. L. 4. t. 7. p. 4.
— [3] Id. p. 8.

pro socio. Quant aux choses achetées en commun, la co-propriété produit ses effets ordinaires.

· Le fou ne peut pas s'associer, puisque la société naît *consensu.* La Constitution 7, au Code, suppose que la société contractée, un des associés a perdu la raison; on lui donne un curateur. La société peut-elle être dissoute par ce curateur? Le doute venait de ce que le curateur n'est ni l'associé, ni le mandataire de l'associé, comme dans le Fr. 65, p. 7. Mais, dit Justinien, *sancimus, reterum dubitatione semota licentiam habere furiosi curatorem dissolvere.*

Comme tout contrat, la société se trouve soumise aux principes généraux qui régissent les conventions; mais elle a, en outre, certains caractères qui lui sont propres. Le premier de ces caractères c'est que la société procède toujours d'un contrat. Sans convention, point de société. Voilà pourquoi Papinien l'appelle *voluntarium consortium* [1]. Ce caractère la distingue de la communauté. Non pas cependant que la différence entre la communion et la société consiste uniquement en ce que celle-là se forme sans contrat, tandis que celle-ci résulte nécessairement du concours de deux volontés; car la communauté peut aussi exister par la volonté des parties [2]. Mais le signe distinctif, c'est que la société n'existe qu'autant qu'il est bien établi que les parties ont voulu

[1] D. Pro Socio. L. 52, p. 8. — [2] Instit. De rerum divis. p. 27.

faire un contrat de société. Ce n'est pas une adhésion ordinaire qui est nécessaire, c'est une adhésion sociale, un consentement social.

Le second caractère de la société, c'est que chaque associé doit apporter quelque chose. La mise est de l'essence du contrat ; sans mise réciproque, il n'y a pas de société. Lorsque l'un des associés est admis à partager les bénéfices sans contribuer à la masse sociale, il y a donation. Or, *donationis causâ*, dit Ulpien, *societas non recte contrahitur* [1], c'est-à-dire que la société ne peut exister sans associés. Ulpien se prononce dans le même sens, L. 16, p. 1, *de minoribus*. Il refuse au mineur, engagé dans une société *donationis causâ*, la *restitutio in integrum*, parce que la société n'est pas même valable entre les associés majeurs.

Les apports peuvent être de nature différente et consister, soit en argent, soit en toute autre valeur ; ils peuvent aussi consister en industrie : *societatem, uno pecuniam conferente, alio operam, posse contrahi magis obtinuit* [2]. Ils peuvent être également d'une chose espérée, d'une succession future, par exemple [3] ; pourvu toutefois qu'il ne s'agisse pas de l'hérédité de telle ou telle personne vivante et déterminée, et qu'il s'agisse, au contraire, de la succession d'une personne incertaine : *intellige enim*, dit le président Favre, *de hereditate venturâ*

---

[1] D. Pro Socio, L. 5, p. 2. — [2] C. Pro soc. L. 1. — [3] D. Pro. S. L. 3, p. 2.

*incerti hominis ; nec enim valet pactum de futura heredi-
tate viventis* [1]. Ils peuvent enfin consister dans la jouissance d'une chose, et même dans sa destination vénale. C'est ce qu'enseigne Ulpien dans l'espèce suivante
qu'il emprunte à Celse : « Vous avez trois chevaux et
moi j'en ai un. Comme leur réunion peut former un
bel attelage, et qu'en les vendant en quadrige il y a lieu
d'espérer que l'on en tirera un prix meilleur que si on
les vend séparément, nous formons une société pour en
opérer la vente, et nous convenons que j'aurai le quart
du prix. Avant la vente mon cheval meurt. Suivant
Celse, cet événement rompt la société et vous ne me
devez rien du prix de vos chevaux. Ce ne sont pas les
chevaux eux-mêmes qui ont été mis en société ; leur
vente en commun en a seul fait l'objet : *non enim ha-
bendæ quadrigæ, sed vendendæ coitam societatem* [2].
Vous ne seriez tenu de partager le prix avec moi qu'autant que nous aurions mis les chevaux eux-mêmes dans
la société ; mais dans l'espèce je n'ai abdiqué ni la propriété de mon cheval, ni même sa jouissance ; j'en ai
seulement conféré à la société la destination vénale. —
Ajoutons que les apports peuvent être égaux ou inégaux.

La société doit en troisième lieu avoir pour but de
faire un bénéfice, et pour condition de le partager entre

---

[1] Sur la L. 3, D. Pro S. — [2] D. Pro S. L. 58.

les associés : *finem hanc esse oportet, ut inde lucrum fiat in commune* [1]. L'association dans laquelle un des associés est exclu de toute part aux profits est complétement nulle. C'est la société du lion avec les autres animaux de la fable, société que les jurisconsultes ont flétri du nom de *léonine : hanc societatem solitum appelare leoninam* [2]. Mais il n'est pas nécessaire que les parts soient égales; il suffit que chaque associé ait droit aux bénéfices, pourvu cependant que ce droit soit sérieux.

Lorsque les associés n'ont pas établi la part de chacun, les parts son égales : *æquas esse constat* [3]. Chaque associé a dès lors une part virile, et non pas, comme l'ont prétendu certains commentateurs, une part proportionnée à sa mise; calcul impossible lorsque l'apport consiste en industrie, puisque nulle part la loi romaine n'attribue une valeur à la mise industrielle. — Mais lorsqu'il est intervenu une convention à cet égard, cette convention fait la loi des parties : *si expressæ fuerint partes, hæ servari debent* [4]. Et les parts peuvent être inégales. Cela n'a jamais fait de doute, disent les Instituts [5]. M. Ortolan pense toutefois qu'une clause semblable n'est valable qu'autant que les apports sont eux-mêmes inégaux. A l'appui de son opinion, cet auteur cite un passage de la loi 29 *Pro socio*, où Ulpien s'exprime ainsi : *si vero placuerit, ut quis*

---

[1] Doneau, L. 13, c. 15 n° 6. — [2] D. Pro S. L. 29, p. 2. — [3] Id. L. 29. — [4] Instit. L. 5. t. 25, p. 1. — [5] Id.

duas partes vel tres habeat, alius unam, an valeat? Pla-
cet valere : si modo aliquid plus contulit societati vel pecu-
nia... Mais nous nous nous permettrons d'être d'un avis
différent. Le texte d'Ulpien n'a pas le sens que lui donne
M. Ortolan. Les mots *si modo*, que cet auteur traduit
par *si toutefois*, nous paraissent devoir signifier plutôt
par exemple. Ulpien, en effet, dans les dernières expressions de la loi précitée, ne fait que compléter par des
exemples la pensée qu'il a exprimée au commencement
de cette loi. Les parties peuvent aussi convenir de parts
autres dans la perte que dans le gain. Ce fut en vain
que Q. Mucius, se fondant sur les principes de fraternité
qui doivent exister entre associés, réclama la prohibition
d'une telle convention ; l'avis contraire de S. Sulpicius
prévalut. Et il prévalut *tellement* (*adeò ut*), dit Justinien [1], qu'il fut même constant que l'on pourrait convenir que l'un des associés aurait part aux bénéfices, sans
supporter aucune perte. Mais si l'on en croit Ulpien, qui
rapporte l'opinion de Sabinus, cette convention n'est valable que lorsque l'industrie de l'associé, à qui on fait
cette position, exige de sa part tant de peines, de soins,
de sacrifices et de temps qu'il y a justice d'en faire la
compensation avec la perte à redouter pour la société :
si tanti sit opera, quanti damnum est [2]. Observons, du
reste, que dans la réalité les jurisconsultes romains

---

[1] Inst. L. 3, t. 25, p. 2. — [2] D. Pro Socio, L. 29, p. 1.

jouent ici sur les mots, lorsqu'ils disent que la convention en question contient une exemption de la contribution aux pertes. Car cette exemption est simplement dans les paroles, et non dans les choses. En effet, quand les associés se rendent compte des résultats de l'opération sociale, on calcule avant tout les pertes, puis on les déduit de l'actif, et ce n'est qu'après ce retranchement préalable qu'on établit la masse des bénéfices à partager : *compensatione factâ solum quod superest intelligitur lucri esse* [1]. Or, d'après cette base de calcul, il est clair que l'associé qui a fourni son industrie contribue forcément aux pertes ; car si la société n'a rien gagné, il en est pour son travail et sa peine et reste sans récompense.

Il arrive quelquefois que les associés conviennent de s'en rapporter à un tiers, sur la fixation des parts. Ce tiers peut être un étranger ou un associé, et sa décision n'est souveraine qu'autant qu'elle n'est pas manifestement contraire à l'équité [2]. Lorsque l'injustice est évidente, c'est du pouvoir du juge de la réparer, car cet arbitre choisi pour déterminer les parts sociales, n'est pas un arbitre de droit, un de ces arbitres souverains dont la décision, bonne ou mauvaise, doit rester toujours inattaquable [3]. Si l'arbitre décède avant d'avoir rempli sa mission, ou s'il refuse, la société est nulle de plein droit : *nihil agitur*, dit Celse, *nam idipsum actum est*,

[1] Inst. L. 3, t. 25, p. 2. — D. Pro Socio, L. 30. — [2] Id. L. 6.
[3] Id. 76.

ne aliter societas sit, quam ut Titius arbitratus sit [1].

Maintenant de quelle nature doivent être les bénéfices poursuivis par la société ? Ces bénéfices doivent être des bénéfices pécuniaires, ou appréciables en argent. Le mot *lucrum*, qui revient si souvent dans le Digeste, signifie l'émolument appréciable en argent, qui s'ajoute à la masse des biens du père de famille, après que toutes les dettes ont été payées, et qui le fait plus riche. La société n'a donc pas nécessairement pour but de partager une somme d'argent ; elle n'en est pas moins une société, lorsque l'avantage qu'elle procure est appréciable en argent. Aussi voyons-nous Ulpien appeler société la convention de deux voisins qui s'associent pour faire construire un mur, afin d'appuyer des ouvrages de charpente et de maçonnerie. Le même jurisconsulte s'occupe aussi de deux personnes qui achètent ensemble un site pour se conserver la vue dont jouissent leurs maisons voisines, et il applique encore le nom de société à cette combinaison [2].

Il faut enfin, pour qu'il y ait société, que le but de l'association soit honnête et licite : *generaliter enim traditur rerum inhonestarum nullam esse societatem* [3]. N'est-il pas juste, en effet, qu'il ne soit pas permis de s'associer pour faire le mal ou violer les lois ? Mais si, malgré la prohibition de la loi, on contracte une

---

[1] D. Pro Socio, L. 75. — [2] id. L. 52, p. 13. — [3] id. L. 57.

semblable société, quels en seront les effets ? Les effets
sont réglés par la maxime : *nulla doli communicatio est.*
Le gain, comme la perte, reste personnel et ne se partage point. De là les conséquences suivantes. L'associé
n'a pas d'action contre son co-associé pour l'obliger
à partager ce qu'il a acquis par des moyens cri-
minels : *bonæ fidei judicium non recipit præsta-
tionem quæ contra bonos mores desideretur* [1]. Si l'un
des associés a mis spontanément en commun les
bénéfices acquis par des manœuvres frauduleuses, il n'a
pas d'action contre ses co-associés pour les contraindre
à la restitution : *plane, si in medium collata sit, commune erit lucrum* [2] ; car sa demande est fondée sur le
délit qu'il a commis. Or *nemo auditur propriam turpi-
tudinem allegans.* On décide autrement s'il a été
condamné sur la *condictio furtiva ;* il répétera alors,
comme ayant livré à ses associés une chose qui ne lui
appartenait pas et que la société n'a pu acquérir [3].
Relativement à cette restitution, Ulpien fait une distinction fort juste. Si l'associé qui a profité du délit a
été de bonne foi, il ne doit rendre que la chose seule qu'il
a reçue ; mais s'il a connu le délit, il est équitable qu'il
supporte en sus sa part de la peine [4]. Peu importe
d'ailleurs que la condamnation ait lieu après la dissolution de la société ou pendant sa durée, car les obli-

[1] D. De Usuris, L. 5. — [2] D. Pro Socio, L. 53. — [3] id. L. 54.
[4] id. L. 55.

gations restent les mêmes sans distinction d'époque [1]. Remarquons toutefois, avec Pomponius, que toutes ces distinctions ne sont applicables, que lorsque la société licite dans son objet a dévié dans quelques actes isolés. Elles ne peuvent être invoquées lorsque la société est en soi contraire aux lois, aux bonnes mœurs ou à l'ordre public; on s'en tient alors à la règle qui ne donne aucune action entre associés : *constat nullam esse socie-tatem* [2].

Le contrat de société peut recevoir diverses moda-lités. Il peut être contracté avec limitation de temps, et cela de deux manières différentes, soit pour commencer à telle époque, soit pour commencer de suite et finir à telle époque, ou sans limitation de temps. Dans ce dernier cas, la société est censée devoir durer seulement pendant la vie des associés; on n'admet pas que la société puisse durer éternellement : *nulla societatis in æternum coitio est* [3]. La société peut même être con-tractée sous condition ; il est vrai que de vives contro-verses s'étaient élevées à cet endroit : *de soicetate apud veteres dubitatum est, si sub conditione contrahi potest.* Mais Justinien tranche le différend, en décidant que la volonté des parties doit être respectée [4]. La raison de douter venait, dit Cujas, de cette circonstance que dans la société, du moins dans la société de tous biens, la

---

[1] D. Pro Socio, L. 56. — [2] Id. L. 57. — [3] Id. L. 70 — [4] C. Pro. Soc. L. 6.

propriété des biens n'était communiquée, dans le principe, entre tous les associés, qu'au moyen d'une mancipation fictive. Or comme la mancipation n'admettait pas de condition, il devait en être de même de la société [1].

Mais quelle que soit la modalité du contrat, la société n'existe qu'entre les parties contractantes. Chaque associé peut, il est vrai, transmettre tout ou partie de sa part sociale, mais le cessionnaire ne devient pas associé, sans le consentement des autres membres de l'association : *Socii mei socius, meus socius non est* [2]. Ce tiers, que nous désignons dans notre droit français sous le nom de *croupier*, parce qu'il chevauche en croupe sur son partner, n'est associé qu'avec son cédant : *ei soli socius est*, dit Ulpien. Il est juste, en effet, que dans un contrat qui, comme la société, exige le consentement des parties, on ne puisse pas donner un associé à qui n'en désire point. — Il y a dès lors deux sociétés distinctes : *duæ sunt societates* [3], deux sociétés existantes l'une à côté de l'autre et cependant parfaitement indépendantes, qui engendrent des rapports des plus curieux ; car si l'action *pro socio* n'existe pas entre le croupier et les associés primitifs, elle existe du moins avec réciprocité, d'une part, entre l'associé du croupier et les associés primitifs, de l'autre, entre ce même associé et son croupier.

De là les conséquences suivantes : 1° Si le croupier

[1] D. De Reg. Jur. L. 77. — [2] D. Pro Socio L. 20. — [3] Favro sur les L. 22, 23.

ne peut point exercer de son chef contre les associés de
son associé aucune action tendant au partage des bénéfices; ceux-ci, de leur côté, ne peuvent intenter contre
lui aucune action tendant à lui faire supporter sa part
des pertes. 2° Le croupier, qui, préposé par son associé
aux opérations relatives à la gestion, a fait quelques
gains, n'a pas à compter avec les associés de son
associé, alors même que ces gains proviennent des effets
de la société. Les associés primitifs peuvent seulement
exiger de leur co-associé le rapport à la masse de ces
profits; car ce dernier a une action pour contraindre
son croupier au partage de ces bénéfices. 3° Le croupier,
qui, par sa faute, cause quelques dommages à la société,
n'est pas en butte à l'action directe des associés; son
cédant seul est tenu de réparer le dommage. Et, dans ce
cas, Pomponius pense qu'il n'est pas invraisemblable de
soutenir que le partner peut se borner à céder à la
société son action contre son croupier, pour que celle-ci
la fasse valoir à ses risques et périls. Mais Ulpien repousse
cet expédient; et il soutient avec raison que l'associé
cédant est obligé d'indemniser pleinement ses co-associés,
car il est en faute de s'être donné pour auxiliaire
quelqu'un indigne de sa confiance : *difficile est negare,
culpâ ipsius admissum* [1]. Le cédant ne peut même
point opposer en compensation, jusqu'à due concurrence,

---

[1] D. Pro Socio, L. 23.

les profits que son croupier a procurés à la société dans
d'autres affaires, car le fait du croupier est considéré
comme le sien propre, et nous verrons que celui des
associés qui cause un dommage à la société est tenu de
le réparer sans pouvoir compenser avec ces dommages
les profits que son industrie a pu procurer dans d'autres
circonstances. « Seulement, ajoute Pothier, il aura
» action contre son croupier pour se faire rendre raison
» de la faute par lui commise; il pourra même demander
» à exercer cette action avant de défendre à celle de ses
» co-associés [1]. »

Mais si l'associé doit faire raison à ses co-associés du
dommage causé par son croupier, il doit de même faire
raison à son croupier, non-seulement du dommage
causé par son propre fait, mais encore du dommage
causé par la faute de ses co-associés. La raison qu'en
donne Pothier est des plus justes: « l'action, dit-il, que cet
» associé a pour raison de ce dommage contre ses asso-
» ciés qui l'ont causé, est une action dépendante du
» droit qu'il a pour sa part en la société, à laquelle
» part il a associé ce tiers; elle doit tomber par consé-
» quent dans la société particulière qu'il a contractée
» avec ce tiers [2]. » C'est ce qu'enseigne aussi Gaïus:
ex contrario factum quoque sociorum debet ei præstare,
sicuti suum, quia ipse adversus eos habet actionem [3].

---

[1] Pothier, De la Soc. n° 93. — D. Pro Socio L. 22. — [2] Pothier
De la Soc. n° 94. — [3] D. Pro Socio L. 22.

Mais si ses co-associés sont insolvables, l'associé sera-t-il quitte envers son croupier, en lui cédant son action, ou devra-t-il être garant de cette insolvabilité? Malgré l'autorité de Merlin, qui décide [1] que le croupier ne doit pas subir la perte causée à son cédant par l'insolvabilité des associés primitifs, nous pensons, avec MM. Duvergier et Troplong [2], que puisque l'associé n'est tenu que *quia actionem habet*, s'il communique à son croupier le bénéfice de cette action, il ne lui doit rien de plus, et n'est tenu envers lui à aucune garantie. Pourquoi, en effet, obliger le cédant à indemniser le croupier d'un dommage dont il n'est point cause? Le croupier est-il fondé à se plaindre de ce que son cédant s'est donné pour associés des personnes indignes de confiance? Non, la société principale existait au moment où la sienne a pris naissance, et en l'acceptant telle qu'elle était, il s'est interdit le droit de faire aucune réclamation.

Tout contrat repose sur une double base; une base nécessaire que la loi impose, qu'il n'est permis à personne de changer: ce sont les conditions essentielles du contrat; une base volontaire, mobile, variant au gré des intérêts: ce sont les conditions ordinaires qu'il plaît aux parties de se donner. Nous venons de voir quelles sont les conditions essentielles de la société, étudions maintenant quelques-unes des clauses que les Romains avaient

[1] Merlin. Quest. de Droit. v° Croupier. — [2] Duvergier n° 380. Troplong n° 762.

l'habitude fréquente d'ajouter au contrat qui nous occupe.

Dans la loi 14 *Pro socio*, Ulpien rapporte l'espèce suivante : il a été convenu entre les associés qu'une chose commune ne serait pas partagée avant telle époque : *ne intra certum tempus communis res dividatur;* et il se demande quel est l'effet de cette clause? Cette clause n'entraîne pas nécessairement la durée de la société jusqu'à l'époque fixée. La société se dissoudra, mais l'indivision survivra. Ainsi point de partage, point d'action *communi dividundo* avant l'échéance du terme.

Que décider lorsque les associés se sont engagés réciproquement à rester en société: *ne abeatur?* D'après Pomponius, cette clause est à peu près inutile, car, d'une part, lorsqu'on n'a pas fixé la durée de la société, aucun des associés ne peut renoncer en temps inopportun, et de l'autre, rien n'empêche un associé, pour des motifs légitimes, de devancer le terme convenu et de faire dissoudre la société [1].

Un associé a stipulé de son co-associé une clause pénale, pour le cas où l'associé promettant se rendrait coupable de vol. Il y a eu vol. Le stipulant demandera la peine promise au moyen de la *condictio certi*. Et si la peine promise est inférieure à la condamnation méritée,

[1] D. Pro Soc. L. 14.

il poursuivra le surplus au moyen de l'action *pro socio*[1].

Les clauses ajoutées au contrat de société rendent quelquefois même incertaine l'existence du contrat. Ainsi, deux professeurs se sont associés pour enseigner la grammaire et mettre en commun leurs bénéfices. Après avoir rédigé par écrit leurs conventions, chacun des associés a fait une stipulation constatée par le même écrit, stipulation qui relate les clauses de la société. Elle est ainsi conçue: *promettez-vous de donner et de faire tout ce qui est dit ci-dessus, de ne rien faire de contraire, et si vous ne donnez pas ou ne faites pas tout cela, promettez-vous de me donner vingt-mille sesterces?* Consulté sur le point de savoir s'il y a eu novation ou clause pénale ajoutée au contrat, Paul ne voit, dans cette hypothèse, qu'une stipulation conditionnelle, pour le cas d'inexécution des obligations, et il donne l'action *pro socio.*

Dans les sociétés particulières, la clause *ut de communi dos constitueretur* intervient souvent. Dans la société de tous biens cette clause est sous-entendue, d'après le principe posé dans la loi 75 de notre titre. Quels sont les effets de cette clause? Un associé a promis une dot à son gendre ; il meurt sans avoir payé la dot, laissant sa fille héritière. Celle-ci a divorcé et a intenté l'action *rei uxoriœ* contre son mari. Elle n'a pas toutefois l'in-

---

[1] D. Pro Soc. L. 41, 42.

tention d'exiger une dot qui n'a pas été livrée, seulement elle veut être libérée par acceptilation de l'obligation dont elle est tenue. Mais la clause *ut de communi dos* a eu lieu. En vertu de cette convention, la femme divorcée peut-elle demander aux associés de son père la dot que celui-ci devait payer à son mari, et qu'elle aurait entre les mains depuis le divorce, s'il avait effectivement acquitté son obligation? Papinien décide que la femme ne prélèvera pas la dot sur les fonds de la société[1]. Il ne suffit pas, dit Pothier, pour qu'il y ait dot, qu'on en ait promis une, il faut qu'elle ait été comptée au mari.

Supposons que la dot ait été payée au mari. Le père est mort et la femme a divorcé. La femme agit alors contre son mari; et si elle obtient la dot, elle n'est pas tenue, bien qu'héritière de son père, de la verser dans la caisse sociale; car la fille garde pour elle, après la mort du père, la dot profectice, alors même qu'elle est exhérédée.

La dot étant payée, le mariage est dissous par la mort de la fille du dotateur. Dans ce cas, la dot étant profectice est rendue par le mari au dotateur, s'il vit encore; et Papinien pense que, d'après l'équité, celui-ci doit la faire rentrer dans la caisse sociale, d'où il la tirée. — Si, au contraire, le mariage est dissous par le divorce, le père et la fille agissent contre le mari pour

[1] D. Pro Soc. L. 81.

recouvrer la dot; mais cette dot reste dans les biens du père *cum sua causa*, car *reipublicæ interest mulieres dotes salvas habere, propter quas nubere possunt*. — Lorsque le mari, usant du bénéfice de compétence, n'a pas rendu toute la dot, le père ne peut point prendre de nouveau dans le fonds social de quoi compléter cette dot, *nisi si nominatim ita convenisset* [1].

Terminons par la fameuse espèce de la loi 69 (pro socio): *ut unus reliquis nundinas, id est epulas, præstaret, eosque a negotio dimitteret*. Cette loi contient une clause accidentelle ajoutée au contrat de société, pour en modifier les effets. Elle est d'une telle concision, elle contient deux expressions tellement obscures, qu'elle a été rangée au nombre des *septem cruces Jurisconsultorum*. Vingt auteurs, Accurse, Cujas, Freher, Constantin, Janus à Costa, Leist, Gluck, etc., etc., ont exposé sur ce point un système différent. Nous ne rapporterons que le système de Cujas, et celui qui nous a paru le plus logique et le plus simple. Commençons par le système de Cujas [2].

Primus, Secundus et Tertius se sont associés pour faire des achats *(ad emendum)*. Primus s'est chargé, par une clause spéciale, de préparer à ses frais les repas aux vendeurs, et a envoyé les autres au marché. Cujas remplace les mots *a negotio* par *ad negotium*. Les autres

---

[1] D. Pro Soc. L. 81. — [2] Cujas. Observ. L. 14, ch. 17, t. 3, p. 99.

associés, les achats finis, reviennent avec un vendeur.
Mais Primus n'a pas préparé le repas promis. Il est
alors tenu par l'action *pro socio* envers ses co-associés;
et, de plus, le vendeur, outre l'action *ex vendito* directe
contre Secundus et Tertius, a une action utile contre
Primus, qui a donné le mandat d'acheter.

Ce système est, selon nous, défectueux. La correction
ad negotium est tout à fait arbitraire; puis le texte ne
fait nulle mention de tiers vendeur; il ne traite qu'une
question de rapports entre associés. Les mots *si eas eis
non solverit*, et ceux-ci *cum eo pro socio et ex vendito
agendum est*, indiquent deux actions dirigées par la
même personne. Aussi préférons-nous l'argumentation
suivante.

Primus, qui ne connaît pas les affaires, s'associe à
Secundus et à Tertius, commis-voyageurs des plus
adroits. L'un apporte ses fonds, les autres leur industrie.
Le contrat fait, *un pactum adjectum societati* intervient.
Secundus et Tertius vendent par ce pacte leurs parts
dans les bénéfices futurs de la société, et Primus s'engage : 1° à prendre l'affaire pour lui *(eos a negotio dimit-
tere)*, c'est-à-dire à libérer Secundus et Tertius de leurs
obligations envers les vendeurs, et à leur rembourser
leurs avances : 2° à *præstare nundinas, id est epulas*,
c'est-à-dire à les entretenir et les nourrir. Ainsi ce pacte
est un pacte de vente. Secundus et Tertius vendent
leurs parts dans les opérations futures de la société; le

prix est le remboursement des avances et la libération des obligations; le gain est l'entretien pendant un certain temps. — Secundus et Tertius font les achats et tiennent leurs engagements. Mais Primus manque aux siens, *si eas eis non solverit*. Remarquons qu'ici la poursuite des *epulæ* est seule en jeu, et qu'il ne s'agit pas du remboursement des avances. *Si eas eis non solverit*, dit Ulpien, *et pro socio et ex vendito cum eo agendum est*. Secundus et Tertius agiront contre lui par l'action *pro socio* ou par l'action *ex vendito*, ils auront le choix ou de se présenter comme associés, et au moyen de l'action *pro socio* d'arriver à une liquidation qui aboutira au paiement des *epulæ*, et peut-être même à des dommages et intérêts, ou de se présenter comme vendeurs, et au moyen de l'action *ex vendito* d'obtenir le simple paiement des *epulæ* et la simple exécution du *pactum*. La conjonction *et* n'entraîne pas ici l'exercice forcé et simultané des deux actions. Maintenant, quel intérêt pourront avoir Secundus et Tertius à agir *pro socio* ou *ex vendito?* Ils agiront *pro socio*, si la société a fait des bénéfices et si Primus est solvable; mais si Primus n'est pas d'une grande solvabilité, comme attaqué par l'action *pro socio*, il jouirait du bénéfice de compétence, ils agiront *ex vendito* pour demander la somme fixe des *epulæ*.

Cette solution est conforme au texte d'Ulpien. Si nous relisons, en effet, la loi 69: *cùm societas ad emendum coiretur, et conceniret ut...* — nous voyons qu'il y a là deux conventions distinctes. L'une, le contrat de société, l'autre, un pacte qui fixe le montant des droits des associés dont l'apport est en industrie. Quoi de plus naturel? C'est Primus qui fournit les capitaux, c'est lui qui prend l'affaire pour son propre compte; seulement, comme il faut que ses co-associés aient quelques bénéfices, car sans partage de bénéfices point de société, il leur donne les *epulæ*. Les *epulæ* sont ici tout à la fois le bénéfice dans la société et le prix de la vente dans le pacte. Par là s'explique l'exercice simultané des deux actions *pro socio* et *ex vendito*, et comment de la même cause, le non paiement des *epulæ*, deux actions peuvent se produire.

CHAPITRE II

DES DIVERSES ESPÈCES DE SOCIÉTÉS.

L'esprit d'association s'appliquait à Rome aux objets les plus divers. Il y avait des sociétés pour les petits intérêts comme pour les spéculations les plus étendues et les plus compliquées. Ici, c'étaient deux grammairiens qui s'associaient pour mettre en commun les bénéfices de leurs leçons [1]. Là, c'étaient les *publicani* qui exploitaient en société la ferme des revenus publics. En un mot, toutes les opérations depuis les entreprises de construction, les transports maritimes, jusqu'aux fournitures des armées et à la banque, étaient matière à société. Toutes ces sociétés se distinguaient en plusieurs espèces, suivant la nature ou l'étendue des biens qui en faisaient l'objet. Le principium des Instituts de Justinien (L. 3 t. 25) en indique la principale division : *societatem coire solemus aut totorum bonorum.... aut unius negotiationis.* Les sociétés se divisent donc en deux grandes classes, selon qu'elles sont universelles ou particulières. Mais chacune de ses deux classes se subdivise à son tour, et d'après Ulpien, on peut distinguer cinq sortes de sociétés:

[1] D. Pro Socio L. 71.

1º la société *universorum bonorum*: 2º la société *univer-sorum quœ ex quœstu veniunt*: 3º la société *negotiationis alicujus*: 4º la société *vectigalis*, et 5º la société *rei unius* [1]. Examinons successivement chacune de ces sociétés.

Société universorum bonorum. — La société univer-selle de biens comprend tous les biens qui appartiennent aux associés au moment du contrat, ainsi que tous ceux qui peuvent leur advenir plus tard, par une voie quel-conque. Elle comprend même l'usufruit des dots, et les gains que fait l'un des associés, à l'occasion d'une injure ou d'un tort causé à sa personne ou à celle de son fils [2]. Cette société produit cet effet remarquable qu'à l'instant même du contrat, sans aucune tradition, la propriété et les droits réels qu'a chaque associé, sont communiqués entre tous. On présume, dit Gaïus, qu'il se fait alors une tra-dition réciproque, quoique réellement elle ne se fasse pas : *quia, licet specialiter traditio non interveniat, tacita tamen creditur intervenire* [3].

M. de Savigny voit dans cette communication instan-tanée une sorte de constitut possessoire [4]. Il suppose une tradition réciproque de la part de tous les associés. Comme la possession peut s'acquérir par autrui, chacun des associés s'est constitué possesseur de ces biens pour le compte des autres; et comme chacun a agi dans l'in-

---

[1] D. Pro Socio L. 5. — [2] Id. L. 65, p 16. — L. 52, p. 16. — [3] Id. L. 2. — [4] Arg. L. 17. pr. D. de acq. poss.

tention d'aliéner, la communication s'est opérée. Celui qui veut livrer dit : je ne possède plus pour moi, je possède pour vous ; je n'ai plus l'*animus possidendi*, je suis l'instrument de votre possession. Cette manière de voir est confirmée par le texte de Gaïus : *tacita tamen creditur*. Elle se justifie par la difficulté de faire autant de traditions que d'objets, autant de traditions que d'associés ; elle explique pourquoi cette communication instantanée est une exception spéciale à la société *totorum bonorum*.

Mais nous ne parlons ici que des biens présents. La société n'obtient pas de plein droit les biens qui adviennent aux associés après le contrat, tels que les successions, les legs, les donations et en général toutes les acquisitions faites à quel titre que ce soit [1]. Pothier justifie cette distinction en disant « que la tradition feinte, par laquelle chacun des associés est censé se constituer possesseur au nom de la société, ne peut avoir lieu qu'à l'égard des biens qu'il a alors ; ne pouvant pas se constituer possesseur de ceux qu'il n'a pas encore [2]. » Ces biens sont propres à chaque associé, mais ils doivent être communiqués entre tous [3].

La nature de la créance, qui constitue un rapport personnel entre le créancier et le débiteur, s'opposait à la communication instantanée. Aussi Paul dit-il :

[1] Arg. L. 17, pr. de acq. poss. L. 3, p. 1. — [2] Pothier. De la Soc. n° 52. — [3] D. Pro S. L. 74.

*ea que in nominibus erunt, maneat in suo statu, sed in-
vicem actiones prastare debent* [1]. Un associé de tous
biens a une créance de 20,000 sesterces contre Primus.
Il ne peut pas faire que son associé Titius soit créancier
de la moitié de cette somme, puisque les Romains
n'admettaient pas que la qualité de créancier fût trans-
mise. Mais, pour arriver au même résultat, il donnera
mandat à Titius de poursuivre Primus pour 10,000 sesterces, et quand ces 10,000 sesterces seront payés, il
n'en demandera pas compte ; car le mandat n'est donné
que pour les faire toucher au mandataire. Et lui, créancier, poursuivra en son propre nom Primus pour le reste
de la somme qui lui est due. — Si l'associé néglige de
constituer Titius *procurator in rem suam*, Titius l'y con-
traindra par l'action *pro socio*.

Le passif de la société universelle de biens correspond
à l'actif. La société prend à sa charge toutes les dettes
des associés et toutes les dépenses nécessaires à l'entretien de ces derniers et de leurs familles, y compris même
la dot de leurs filles [2]. Elle paie même des deniers communs la condamnation infligée à l'un des associés, lorsque cette condamnation est encourue injustement [3]. Mais
de même que la société rejette de son actif le produit
des vols et des délits, de même elle exclue de son passif les
dettes résultant des fautes, délits ou méfaits des associés.

---

[1] D. Pro Socio L. 3. — [2] Id. L. 75, p. 1. — L. 81. — [3] Id. L. 52,
p. 18.

Ainsi, un associé ne peut pas demander aux autres associés de contribuer aux pertes qu'il a faites au jeu, aux condamnations qu'il a subies justement pour vol, injure, adultère [1].

Société universorum quæ ex quæstu veniunt. — La société universelle de gains, fréquemment pratiquée par les affranchis d'un même maître, comprend les profits et les gains que l'industrie ou un commerce quelconque procure aux associés. Le mot *quæstus* ne signifie que le lucre acquis par un titre de commerce : *quæstus enim intelligitur, qui ex operd cujusque descendit* [2]. La société s'étend donc à tout ce qui est acquis par achat, louage, et par l'exercice d'un métier ou d'une profession [3]. Remarquons toutefois que l'acquêt, fait par un des associés *proprio nomine*, ne devient pas social *ipso facto* et de plein droit. La chose achetée, dit Paul, appartient à l'acheteur seul, et n'est point commune : *quod emit, ipsius fit, non commune.* Mais par l'action *pro socio* on forçait l'associé acquéreur à transférer à ses co-associés la co-propriété des choses acquises [4]. Toutefois, a-t-on dit, cette remarque est fausse, car les acquisitions, étant faites avec l'argent de la société, doivent appartenir à la société *ipso jure.* La conclusion n'est pas juste. En droit romain, *per extraneam personam nihil adquiri potest.* Le nombre des personnes par lesquelles on acquiert est strictement

[1] D. Pro Socio L. 59, p. 1. — [2] Id. L. 8. — [3] Id. L. 7. — [4] Id. L. 74.

limité, et nous n'y trouvons pas l'associé. Les acquisitions postérieures au contrat demeurent personnelles aux parties contractantes; seulement, comme ces acquisitions ont eu pour cause l'argent de la société, chacun est tenu de communiquer les siennes à tous les associés.

Mais les biens présents et ceux qui arrivent par donation, legs ou succession, n'entrent point dans la communauté. Le motif qu'en donne Ulpien, est que ces libéralités ont toujours une cause; qu'elles ont été méritées par celui à qui elles sont faites : *quia non sine causâ obveniunt, sed ob meritum aliquod accedunt* [1]. Et Paul ajoute que les successions doivent souvent être regardées comme une dette dont s'acquitte le défunt [2]. La meilleure raison est, selon nous, celle que donne le président Favre : *nam hæ negligentibus et dormientibus, denique omninò ignorantibus acquiruntur, nulloque ipsorum facto intercedente* [3].

Quelles sont les charges de la société universelle de gains? Comme les associés n'apportent aucun des biens qu'ils possèdent au moment du contrat, la société n'est pas tenue des dettes dont ils sont débiteurs à cette époque. Elle ne prend à sa charge que les dettes contractées pour les affaires sociales [4]. Mais elle est tenue des dépenses d'entretien et de nourriture des associés et de

---

[1] D. Pro Socio L. 9. — [2] Id. L. 10. — [3] Sur la loi, 8 Pro S. — [4] D. Pro Socio L. 12.

leurs familles ; car les dépenses de première nécessité
sont une charge des gains que chaque associé doit con-
férer à la société. N'est-ce pas, en effet, avec ses profits
quotidiens qu'une personne subvient aux besoins de sa
famille? Il est donc juste que la caisse sociale, dans laquelle tombent tous les salaires, soit grevée de cette
obligation.

La société universelle de gains est celle qui est contractée, lorsque les parties ne se sont pas expliquées
sur l'espèce de société qu'elles ont formée [1]. La raison en
est que la société universelle de gains a des conséquences
beaucoup moins graves que la société universelle de biens.
Celle-ci, en effet, renferme une aliénation des meubles et
des immeubles ,tandis que l'autre les laisse intacts dans
les mains des associés. C'est aussi la société qui est formée, lorsque les associés conviennent qu'ils mettront en
commun les *gains* et les *profits (ut et quæstus et lucri
socii sint)* qu'ils feront de part et d'autre [2]. Le mot *profit* ajouté au mot *gain* n'a pas une vertu extensive ;
c'est simplement une redondance, comme nous en trouvons encore un exemple dans la loi 71, par. 1, où nous
voyons deux affranchis du même patron faire une société
lucri, quæstûs et compendii.

Société negotiationis alicujus. — La société *negotiationis alicujus* est celle qui a pour objet une négociation

---

[1] D. Pro Socio L. 7. — [2] Id. L. 13.

déterminée, comme, par exemple, l'achat et la vente des esclaves, de l'huile, du vin ou du froment [1]. Cette société n'acquiert que les gains qui proviennent de la négociation, but de l'association. Quant aux profits procurés par une autre cause, ils restent propres à l'associé qui les a faits. C'est ce que décide l'empereur Sévère à l'occasion de cette société dont parle Ulpien dans la loi 52 par. 5. Deux *argentarii* s'associent pour faire la banque. L'un d'eux fait *séparément (separatim)* une acquisition qui lui procure quelques bénéfices. Ces bénéfices doivent-ils être communs? Non, répond Sévère, car la société n'a été contractée que pour faire la banque, et les profits en question ne proviennent point de la banque.

Le passif de cette société ne comprend que les pertes qui résultent des opérations sociales.

Société vectigalis. — Les sociétés *vectigales* ou *vectigalium* ne sont qu'une particularité de la société précédente ; mais de toutes les sociétés, ce sont celles qui, à Rome, ont le plus d'importance et de considération. Organisées pour la ferme des impôts, elles ont un tel relief qu'on les met au rang des corps publics, des collèges autorisés par l'Etat, et qu'on leur donne le nom de *societates collegiatæ* [2]. Les plus importantes sont les sociétés qui afferment les Dixmes. Leur administration est des plus vastes. A la tête de la

---

[1] Inst. L. 3, t. 23, Princ. — [2] D. Quod cuj. univers. L. 1.

société se trouvent le plus souvent des gérants (*magistri*), chargés de diriger les affaires sociales. Ces *magistri* résident habituellement à Rome et sont les chefs de l'association . Au-dessous d'eux, se trouvent des sous-gérants appelés *pro-magistri*, qui, placés dans la province sur laquelle s'étend le bail, sont des gérants au petit pied. Vient ensuite un nombre infini d'employés, de scribes, de commis, de courriers, etc. Ce nombreux personnel forme une puissante hiérarchie, que viennent encore fortifier certaines règles spéciales aux sociétés *vectigales*. Dans ces grandes associations la solidarité est admise contre les associés [1], et la société, au lieu de se dissoudre à la mort de l'un de ses membres, se continue avec les héritiers du défunt [2]. — Pendant longtemps ces sociétés brillent d'un vif éclat. Mais, sous les empereurs, les changements survenus dans le système des impôts, viennent leur enlever la ferme de la Dixme, leur plus beau fleuron ; et dès lors elles ne font plus que décroître et s'éteindre.

Société rei unius. — La société *rei unius* tend à la mise en commun d'un ou de plusieurs objets spécialement désignés dans le contrat, tantôt pour les exploiter, tantôt pour en toucher plus aisément les revenus. L'objet de l'apport peut être une somme d'argent, un fonds de terre, une maison, une hérédité [3]. Dans ce

[1] D. De publicanis L. 9, p. 4. — [2] D. Pro Socio. L. 59. — [3] Id. L. 52, p. 6.

dernier cas, chacun garde pour soi les acquisitions
qu'il fait, les legs qu'il recueille, les donations qu'il
reçoit, tout excepté l'hérédité. — Le passif de cette
société ne comprend que les dépenses relatives à l'objet
mis en société.

CHAPITRE III.

DES ENGAGEMENTS DES ASSOCIÉS ENTRE EUX, ET A L'ÉGARD DES TIERS.

Après avoir posé les principes généraux sur l'essence de la société ; après avoir suivi ce contrat dans ses subdivisions en société *universorum bonorum*, société *universorum quæ ex quæstu veniunt*, société *negotiationis alicujus*, société *vectigalis* et société *rei unius*, nous allons nous occuper de ses effets, et cela sous deux points de vue : 1° par rapport aux associés ; 2° par rapport aux tiers.

SECTION PREMIÈRE.

Des engagements des associés entre eux.

Le contrat de société engendre entre les parties plusieurs obligations réciproques. La première obligation de l'associé est d'apporter à la société la mise qu'il a promise. « Il est évident, dit Pothier, que chacun des associés est débiteur à la société de tout ce qu'il a promis d'y apporter [1]. » Cette obligation se trouve remplie au

[1] Pothier. De la Soc. n° 110.

moyen de la *traditio* de la chose promise, *traditio*
soit expresse, soit tacite, comme dans la société
universelle de biens. L'associé doit donc livrer la chose
qu'il a promise, et il doit la livrer telle qu'elle
se trouve par suite des changements qu'elle a pu
éprouver. Si donc elle a diminué, si elle s'est détériorée
sans sa faute, il n'est obligé de la livrer et de la faire
avoir qu'ainsi diminuée, ainsi détériorée; et si la chose a
péri sans sa faute, son obligation a cessé d'exister. Par
contre, si la chose a produit des fruits, il est obligé de
même de livrer et de faire avoir ces fruits : *in societa-
tibus fructus communicandi sunt* [1]. L'associé est assimilé
au vendeur, et *rei periculum ad societatem pertinet.*
Seulement, à la différence du vendeur, l'associé ne
doit apporter à la garde de la chose promise que les
soins du *parterfamilias in concreto.* Le vendeur, au
contraire, doit apporter plus de diligence qu'il n'en
apporte ordinairement à ses propres affaires; il est tenu
de la faute légère *in abstracto.* Nous supposons toutefois
que l'apport consiste dans un corps certain; car si
l'associé a promis une chose indéterminée, les risques
sont alors à sa charge; ils n'incombent à la société qu'à
partir de la réalisation de l'apport.

L'associé est poursuivi par l'action *pro socio,* lorsqu'il
est en retard de réaliser sa mise; s'il ne la réalise pas, il

---

[1] D. De Usuris L. 58, p. 9.

est condamné à une indemnité pécuniaire, déterminée *ex æquo et bono* par le juge.

La seconde obligation de l'associé consiste a rapporter à la masse tout ce qu'il a perçu de la créance sociale ; il ne peut prendre sa part qu'autant que la société fait elle-même le partage. Cette obligation est fondée sur le principe d'égalité et de fraternité, qui doit régner entre les membres d'une même société ; principe qui exige qu'un associé rapporte ce qu'il a reçu de plus que son co-associé : *quasi iniquum sit ex eadem societate, alium plus, alium minus, consequi* [1].

Chaque associé doit, en troisième lieu, restituer, *avec les intérêts*, les sommes qu'il a employées à son profit, ou qu'il est en demeure de rapporter. Mais remarquons, avec Pomponius, que si dans le cas particulier, l'associé doit les intérêts, ce n'est pas comme des intérêts d'argent, *non quasi usuras*, mais comme une juste indemnité du tort que son retard a causé à ses associés : *sed quod socii intersit moram cum non adhibuisse* [2]. Aussi ce jurisconsulte décide-t-il que l'associé ne doit aucun intérêt, s'il n'a pas fait usage de l'argent ou s'il n'a pas été en demeure de le rendre. — L'associé doit aussi rapporter les intérêts des sommes communes qu'il a prêtées. Il ne fait toutefois ce rapport qu'autant qu'il a placé ces sommes au nom de la société, *si societatis*

---

[1] D. Pro Socio L. 63, p. 5. — [2] Id. L. 60.

nomine fœneraverit ; s'il les a placées en son propre
nom, comme il court les risques du capital, il a le droit
de garder les intérêts [1].

La quatrième obligation de l'associé est de répondre du
dommage que son dol, ou sa faute, a pu causer à la
société. C'est ce que décide Ulpien dans la loi 52, par. 11.
Son opinion est partagée par Pomponius : *si quid vero
dolo nostro socius damni ceperit, a nobis repetat* [2]. Et
l'associé débiteur de dommages et intérêts, à cause de
son dol ou de sa faute, ne peut pas compenser ce qu'il
doit de ce chef avec les profits que son industrie aurait
procurés dans d'autres affaires. La raison en est claire.
Ces profits ne lui appartiennent pas ; ils sont à la
société, dès lors la société ne lui doit rien, et la matière
manque à la compensation. Mais de quelle faute l'associé
est-il tenu ? Est-ce seulement de la faute lourde, comme
le dépositaire, ou bien de la faute légère ? Il y eut sur ce
point de vives controverses ; mais ceux qui voulaient
que l'associé répondît de ses fautes légères finirent par
l'emporter : *prævaluit tamen etiam culpæ nomine
teneri eum* [3]. *Culpa autem,* dit Gaïus, *non ad exactissimam
diligentiam dirigenda est* [4]. Il suffit, ajoute-t-il, que
l'associé apporte aux affaires sociales la diligence qu'il
met dans ses propres affaires. Son co-associé doit, après
tout, ne s'en prendre qu'à lui-même, s'il n'a pas fait un

[1] D. Pro Socio L. 67. — [2] Id. L. 59, p. 1. — [3] Inst. L. 5, t. 25,
p. 9. — [4] D. Pro Socio L. 72.

meilleur choix : *quia qui parum diligentem sibi socium adquirit, de se queri debet.* Cette théorie nous paraît parfaitement bonne ; car s'il est de toute justice que l'associé ne soit pas tenu d'une faute minime, il n'est pas moins équitable que sa responsabilité soit plus grande que celle du dépositaire. Le dépositaire, en effet, ne promet que son dévouement, sa fidélité, tandis que l'associé promet sa diligence et engage son habileté.

Les obligations de l'associé, envers ses associés, nous étant connues, voyons maintenant quelles sont les obligations de ces derniers envers l'associé, qui agit dans l'intérêt commun. N'oublions pas que l'associé, qui travaille dans un intérêt social, est un véritable mandataire, et qu'à ce titre il doit être rendu indemne de tout ce que l'exécution fidèle du mandat a pu lui faire perdre.

Tout associé a le droit de se faire indemniser des déboursés qu'il a faits dans l'intérêt de la société. Ainsi il peut justement demander qu'on lui tienne compte *(recte imputabit)* de ses frais de voyage, de ce qu'il a payé dans les hôtelleries pour lui et sa monture, de ce qu'il a dépensé pour louer des chevaux et des voitures, pour transporter sa personne et ses ballots [1]. Et ces avances produisent intérêt de plein droit. Rien de plus juste, décide Paul, car ou il a emprunté de l'argent à

---

[1] D. Pro Socio L. 52, p. 15.

intérêt pour venir au secours de la société, ou il a pris dans sa bourse l'argent qu'exigeait la circonstance. Or dans le premier cas, la société doit rendre les intérêts qu'il est tenu de payer, puisqu'elle est obligée de l'indemniser de tous les déboursés nécessaires aux affaires sociales. Et, dans le second cas, pourquoi ne pas payer à l'associé les intérêts de l'argent, tout aussi bien que s'il eût fait un emprunt ? Est-ce que si cet argent n'eût pas été prêté à la société, il serait resté improductif dans les mains de son maître [1] ?

Certaines dépenses donnent lieu parfois à des actions spéciales. Ainsi un Sénatus-consulte, rendu sur la proposition de Marc-Aurèle, tend à favoriser celui des co-propriétaires d'une maison commune qui a fait des avances pour des réparations nécessaires [2]. Si l'un des co-propriétaires s'en est chargé, après avoir mis les autres en demeure, il a quatre mois pour exiger d'eux leur part de frais avec intérêts. Si, dans le délai fixé, il n'est pas remboursé, il devient propriétaire unique de la maison réparée. On voit ici un cas remarquable d'acquisition *lege*. Dans la loi 52, on se demande si l'associé ne peut plus, les quatre mois écoulés, poursuivre le remboursement de ses dépenses, au lieu de prendre en indemnité la part de ses associés. Quoique les termes du discours de Marc-Aurèle paraissent devoir

[1] D. Pro Socio L. 67, p. 2. — [2] Id. L. 52, p. 10.

éloigner cette prétention, Ulpien fait observer que Marc-Aurèle ne prohibe point la demande du remboursement après les quatre mois. L'empereur présume seulement qu'il sera plus avantageux de prendre la maison tout entière. Donc, celui qui a fait les réparations rentre dans ses déboursés au moyen de l'action *pro socio*, si mieux il n'aime conserver la maison.

En second lieu, les associés sont tenus d'indemniser l'associé qui a contracté quelques obligations pour les affaires sociales. Paul donne l'exemple suivant de cette règle. Un associé vend en son nom, mais du consentement de tous, une chose commune ; l'acheteur est évincé, et l'associé vendeur subit une condamnation à des dommages et intérêts, comme garant ; ses associés sont alors tenus de le rendre indemne de l'obligation de garantie qu'il n'a contractée que pour les affaires sociales [1]. Le plus souvent, dans l'espèce qui nous occupe, le prix de la chose vendue était partagé entre tous les associés, et ces derniers donnaient caution à l'associé vendeur de l'indemniser, le cas échéant : *pretium dividi debet ita, ut ei caveatur, indemnem cum futurum.*

Enfin, tout associé a droit à une indemnité pour les pertes qu'il a subies, par suite *des risques inséparables de sa gestion.* Les risques inséparables de la gestion sont

---

[1] D. Pro Socio L. 67.

les hasards, les cas fortuits, auxquels l'associé n'a été soumis que parce qu'il s'occupait des affaires sociales. « La société, dit Pothier, devant avoir tout le profit qui » résulte de cette gestion, il est équitable qu'elle sup- » porte tous les risques : *ubi lucrum, ibi et periculum esse* » *debet* [1]. » C'est aussi l'avis de Julien, dans l'espèce rapportée par la loi 52, p. 4. Une société se forme entre deux personnes pour des fournitures militaires; l'un des associés, étant parti pour faire des achats, tombe entre les mains des voleurs, qui lui enlèvent son argent, blessent ses esclaves et le dépouillent de ses vêtements. Suivant ce jurisconsulte, l'associé, qui est resté à la maison, devait supporter la moitié des frais de médecin et partager également la perte; pourvu toutefois, ajoute-t-il, que toutes les choses dont le voyageur était porteur ne fussent entrées dans ses bagages que parce qu'elles étaient nécessaires pour son voyage : *quas secum non tulisset socius, nisi ad merces, communi nomine, comparandas proficisceretur.* Cette opinion est partagée par Ulpien, qui, dans un cas semblable, décide qu'on doit tenir compte à l'associé des dépenses qu'il a faites pour la guérison de blessures reçues au service de la société [2]. Labéon cependant prétend, mais à tort, selon nous, que dans l'espèce la société n'est tenue à rien, parce qu'elle n'est que la cause acci-

---

[1] Pothier. De la Soc. n° 128. — [2] D. Pro Socio. L. 61.

dentelle du dommage : *quia id non in societatem, quam-
eis propter societatem, impensum sit* [1].

Faisons observer, en terminant, que l'indemnité due
à l'associé, dans les divers cas que nous venons d'examiner, est supportée par chaque associé, de sorte que
l'associé créancier supporte aussi une partie de la perte.
Et, si l'un des associés débiteurs devient insolvable, la
perte se répartira entre tous les associés solvables, y
compris l'associé créancier.

Tous les engagements, dont nous venons de parler
dans cette section, sont sanctionnés par l'action *pro
socio*, action de bonne foi, qui naît directement et immédiatement du contrat, et qui se donne à chacun des
associés contre chacun des autres, pour la poursuite de
leurs obligations respectives. Cette action ne prend
naissance qu'autant qu'il y a société : *ut sit pro socio
actio, societatem intercedere oportet* [2]. Mais elle peut
être intentée par les héritiers ou contre les héritiers d'un
associé, bien qu'ils ne fassent pas partie de la société [3].
Par elle se poursuit l'exécution de toutes les obligations
qui résultent *ex æquo et bono* du contrat. Se faire rendre
compte par ses co-associés et communiquer, proportion-
nellement à ses droits, les profits de toute nature occa-
sionnés par la chose commune; se faire indemniser par
eux des dépenses faites ou du dommage éprouvé; faire

[1] D. Pro Socio L. 60, p. 1. — [2] Id. L. 31. — [3] Id. L. 35. — L.
63, p. 8.

même dissoudre la société; tout cela peut être l'objet de l'action *pro socio*. Mais l'action *pro socio* n'est pas la seule action qui soit donnée aux associés; ceux-ci ont en outre l'action *communi dividundo*. Ces deux actions peuvent exister cumulativement sans se détruire, seulement on n'obtient jamais par l'une ce qu'on a déjà obtenu par l'autre : *alterâ actione alteram tolli Proculus ait* [1]. Comme il importe beaucoup de ne pas confondre ces actions, signalons les différences qui existent entre elles.

1° L'action *pro socio* a surtout pour but d'obtenir l'exécution des obligations que la société impose à chaque associé, et à obtenir condamnation. Elle sert aussi à réclamer le remboursement ou plutôt le partage des créances, qui, ne comportant pas *adjudication*, ne peuvent pas être l'objet de l'action *communi dividundo* [2]. L'action *communi dividundo* a, au contraire, pour objet la cessation de la communion et le partage de la chose commune. Comme point essentiel, elle tend à obtenir *adjudication*, c'est-à-dire l'attribution, par sentence du juge, de la propriété du lot dévolu à chaque associé. Aussi Paul dit-il avec raison que, malgré l'action *pro socio*, l'action *communi dividundo* est indispensable : *communi dividundo judicium ideò necessarium fuit, quod pro socio actio magis ad personales invicem prœstationes*

---

[1] D. Pro Socio L. 38. p 1. — L. 43. — [2] Id. L. 43.

pertinet, quam ad communium rerum divisionem [1]. Cette
action peut être intentée, même pendant la société, pour
partager un ou plusieurs objets particuliers, si le contrat est tel qu'un pareil partage doive avoir lieu. Ce
n'est pas là, toutefois, un point particulier à l'action *communi dividundo*, car il en est quelquefois de même de
l'action *pro socio;* par exemple, pour forcer un associé
à rapporter à la masse les gains qui doivent y tomber [2].

2° En second lieu, l'action *pro socio* est une action
personnelle, tandis que l'action *communi dividundo* est
une action mixte.

3° Enfin, l'action *pro socio* puise dans la confrater-
nité, que les jurisconsultes déclarent être le fondement
de la société, deux caractères qui donnent à cette action
un haut caractère de moralité. Ces deux caractères,
l'action *communi dividundo* ne les a pas. Le premier,
c'est le droit pour l'associé de n'être condamné que jusqu'à concurrence de ses facultés; le second est la peine
de l'infamie dont le préteur frappe l'associé coupable.

L'associé poursuivi *pro socio* a l'avantage de n'être
condamné que jusqu'à concurrence de ses facultés. C'est
ce qu'on appelle le *bénéfice de compétence.* En règle
générale, le juge, sans regarder quelles sont les ressources du débiteur, le condamne à payer ce qu'il doit.

---

[1] D. Comm. Divid. L. 1. — [2] D. Pro Socio L. 68, p. 18.

4

Mais en considération des liens qu'établissent entre le
créancier et le débiteur la parenté, la reconnaissance
ou l'association, l'usage s'établit de borner le montant
de la condamnation aux facultés du débiteur. — Ordinairement le débiteur poursuivi s'assurait cet avantage au
moyen de l'exception *in id quod facere potest.*

Le bénéfice de compétence est personnel; il est accordé à tous les associés, quelle que soit l'espèce de société à laquelle ils appartiennent; mais il ne s'étend ni
au père, ni au maître poursuivi par l'action *pro socio
quod jussu* [1]. Il n'est donné toutefois qu'à celui qui le
mérite. L'édit du préteur porte qu'il ne sera accordé
que *causâ cognitâ.* Si donc l'associé, poursuivi par l'action *pro socio,* cherche à échapper à ses obligations, en
niant qu'il soit associé, il est à juste titre déchu de
ce bénéfice [2]. Est aussi déchu du bénéfice de compétence, l'associé qui s'est mis lui-même de mauvaise foi
hors d'état de payer : *nec enim æquum est,* dit Ulpien,
dolum suum quemquam relevare [3].

Sans perdre la qualité de citoyen romain, la considération d'un homme peut être altérée. On appelle in-
fâmes, *qui infamiâ notati sunt,* les personnes qui n'ont
pas la pleine jouissance de la considération civile.
Il y a deux sortes d'infamie : l'infamie qui naît de plein
droit, sans jugement, et s'attache aux personnes qui ont

[1] D. Pro Socio, L. 63, p. 2. — [2] Id. L. 67, p. 3. — [3] Id. L. 63,
p. 7. — Gaïus C. IV, p. 182.

commis une action ou embrassé une profession dite infamante; et l'infamie qui ne résulte que d'une condamnation. L'associé est soumis à cette dernière espèce d'infamie. Cette infamie frappe quiconque est condamné pour dol dans les contrats qui reposent sur la confiance personnelle : mandat, dépôt, société, tutelle. Julien rapporte le texte de l'édit du Préteur en ces termes : « *qui pro socio, tutelæ, mandati, depositi, suo nomine non contrario judicio damnatus erit, infamiâ notatur* [1] *.*» Ces mots *suo nomine* indiquent que l'infamie atteint seulement le défendeur poursuivi pour un fait personnel.

Observons aussi, que lorsque les actes commis par l'un des associés sont de nature à donner naissance à des actions particulières, comme la stipulation, ou lorsqu'ils constituent des délits, comme un vol, un dommage injustement causé, les associés ont, indépendamment des actions que nous venons d'examiner, les actions *ex stipulatu* [2], *furti* [3], ou *legis Aquiliæ* [4]. Seulement, nous le répétons, la même chose n'est jamais obtenue deux fois.

SECTION DEUXIÈME.

Des engagements des associés à l'égard des tiers.

Cette section s'occupe des droits des tiers contre

---

[1] D. de his qui not. inf. L. 1. — [2] D. Pro Socio, L. 41, 42. — [3] Id. L. 45, 46, 47, 51, p. 1. — [4] Id. L. 47, p. 1.

les associés ; et comme le sujet n'est pas sans quelques difficultés, il importe de distinguer les divers
cas dans lesquels les associés sont obligés envers les
tiers. — Trois cas peuvent se présenter. L'un des associés
contracte en son propre nom; ou bien il contracte
comme gérant ; ou enfin tous les associés contractent ensemble.

1° Lorsque un associé contracte avec un tiers, en son
propre nom, il s'oblige seul, et le tiers ne peut exercer
aucune action contre les autres associés, alors même
que l'obligation a tourné au profit de la société. Le
créancier, dit Cujas, n'a aucune action contre l'associé
avec lequel il n'a pas contracté, car il est de droit commun qu'un prêteur n'a de recours que contre son em-
prunteur, mais jamais contre celui qui, par le fait de
ce dernier, a profité de l'argent. On ne s'informe pas
où l'argent est allé, mais qui l'a demandé, qui a contracté : *non quærimus in creditâ pecuniâ ad quem ea
pecunia pervenerit, sed quis eam pecuniam rogavit, quis
contraxit, ut hic solus obligetur* [1]. Quelques interprètes
ont cru cependant, en se fondant sur la loi 82, que les
associés étaient obligés, lorsque les sommes prêtées
avaient été mises en commun. Cette loi est ainsi conçue : *jure societatis per socium ære alieno socius non
obligatur, nisi in communem arcam pecuniæ versæ*

---

[1] Cujas Resp. Pap. L. 3.

sint. Mais c'est là une erreur des plus grandes. Le texte de Papinien ne règle ici qu'un rapport d'associé à associé, et nullement un rapport de l'associé non dénommé au créancier. Les expressions *jure societatis* prouvent bien, du reste, que le célèbre jurisconsulte ne s'occupe que des obligations d'associé à associé. Ce qu'il a voulu dire, c'est qu'un associé n'est pas tenu d'indemniser son co-associé des dettes qu'il a contractées, à moins que cet argent n'ait tourné au profit commun.

2° A l'égard des opérations faites avec les tiers par l'associé gérant, il faut, en droit strict, appliquer le principe que le mandataire contracte en son propre nom. C'est donc lui qui est obligé envers les tiers, et c'est envers lui que les tiers sont obligés ; les actes qu'il fait ne lient ni les associés ni les tiers les uns envers les autres. Tel est le droit rigoureux. Mais bientôt la Jurisprudence s'adoucit, et le Droit prétorien, à l'exemple de l'action *institoire, (ad exemplum institoriæ)*, accorde aux tiers, contre les mandants, les actions *utiles* résultant des opérations faites par eux avec le mandataire. Et, chose particulière à la société, ces actions *institoires utiles* sont données pour le tout (*in solidum*) contre chacun des associés. Gaïus justifie ce résultat, en disant qu'il est juste que celui qui a contracté avec un seul ne soit pas obligé de diviser son action : *ne in plures adversarios destringatur, qui cum uno contraxerit* [1]. Quant aux mandants, ils agissent contre les tiers au moyen de l'action *utile*, que leur donne la Jurisprudence [2].

3° Lorsque les associés contractent tous ensemble, tous alors sont obligés; mais chacun n'est tenu que pour la part qu'il a dans la société. La solidarité n'existe pas en thèse ordinaire; les associés ne sont obligés solidairement qu'autant qu'ils y sont formellement engagés. La raison qu'en donne Ulpien est, qu'en agissant tous ensemble, on ne peut pas leur objecter qu'ils sont les *institeurs* les uns des autres. — Il n'y a à ce principe que deux exceptions. La première résulte de l'Édit des Édiles. Les associés qui font le commerce des esclaves sont tenus *in solidum* de l'action *Édilitienne*. La seconde est spéciale aux sociétés *vectigalium*; les *publicani* sont obligés solidairement envers le fisc.

[1] D. De Exerc. act. L. 2. — [2] D. de Action. empt. L. 13, p. 25.

CHAPITRE IV.

DE LA DISSOLUTION DE LA SOCIÉTÉ.

Les causes de dissolution de la société sont résumées laconiquement par Ulpien dans la loi 63, parag. 10. *Societas*, dit ce jurisconsulte, *solvitur ex personis, ex rebus, ex voluntate, ex actione. Ideoque sive homines, sive res, sive voluntas, sive actio interierit, distrahi videtur societas.*

Ex personis. La société finit par la mort de l'un des associés, à moins qu'on ne soit convenu du contraire dans le contrat de société : *nisi in coeundâ societate aliter convenerit* [1] ; c'est-à-dire à moins qu'on ne soit convenu que la société continuera entre les associés survivants ; car alors il y a manifestation et concours de volontés sur ce point. Mais les héritiers de l'associé défunt ne succèdent jamais à sa qualité d'associé. Il n'est même pas permis, enseigne Pomponius, de convenir par avance qu'en cas de mort de l'un des associés la société continuera avec ses héritiers : *non ab initio pacisci possumus ut heres etiam succedat societati* [2]. Ce serait s'engager avec des personnes incertaines, ce qui répugne à la

---

[1] Inst. L. 3, t. 25, p. 5. — [2] D. Pro Socio, L. 59.

nature du contrat de société. Ajoutons avec Cujas, que
les Romains, en insistant pour que la société finisse par
la mort de l'un des associés, ont eu surtout pour but de
ne pas enchaîner leur liberté de tester. L'héritier, dit
Papinien, ne peut remplacer l'associé mort, car il fau-
drait désigner à l'avance son héritier. Or, un associé
renoncerait à la liberté de tester, s'il s'engageait à avoir
pour héritier la personne qu'il aurait fait agréer à l'a-
vance pour lui succéder dans la société [1]. Supposons,
en effet, que Primus fasse avec Secundus une société
de tous ses biens, et qu'il soit convenu que la société
continuera avec Tertius, héritier de Primus : il résulte
de là que ce dernier se trouve lié par cette convention,
et ne peut utilement tester à l'égard d'une autre personne. Et, si la convention, au lieu de désigner précisément l'héritier de Primus, porte que la société continuera
avec son successeur en général, elle est nulle par le motif que nous avons déjà indiqué, à savoir, l'incertitude
de la personne avec laquelle la société doit continuer [2].
On ne fait exception à la règle que pour les sociétés *vectigalium*, où l'on admet la clause que l'héritier succé-
dera à la part du défunt [3]. Mais si l'héritier de l'associé
défunt ne succède pas à la qualité d'associé, il succède
du moins à tous les droits et à toutes les obligations de
son auteur; toutes les actions passives et actives passent

[1] Papin. fr. 52. p. 9. pr. Soc. — [2] Cujas. Observ. L. 10. C. 25. —
[3] D. Pro Soc. L. 59.

sur sa tête, car si la société est finie, les obligations dérivant de la société durent encore ; *finitur quidem societas, sed non obligatio societatis* [1]. Ainsi, il a action, contre les associés, pour réclamer tout ce qui est provenu de la chose commune depuis la mort de l'associé [2]. En revanche, il est tenu d'achever ce qui a été commencé par son auteur [3].

La mort naturelle n'est point la seule cause de dissolution *ex personis*. La diminution de tête *(grande et moyenne)*, en détruisant la personne juridique de l'associé, et en emportant une espèce de mort civile, met également fin à la société : *intereunt autem homines quidem maximâ aut mediâ capitis diminutione, aut morte* [4]. Quant à la *minima capitis diminutio*, elle ne produit pas cet effet. La société contractée par un fils de famille subsiste après son émancipation. Seulement, elle donne lieu à deux actions : l'une contre le père, soit *quod jussu* ou *de peculi*, à raison des opérations antérieures à l'émancipation ; l'autre, contre le fils, *pro socio*, à raison des faits tant antérieurs que postérieurs à l'émancipation ; car un fils de famille, à la différence de l'esclave, s'oblige civilement en contractant avec des étrangers. — Il en est de même de la société contractée par une personne qui se donne en adrogation [5]. L'adrogeant, qui acquiert tous les droits de l'adrogé, n'acquiert pas le *jus societatis*. L'adrogé reste associé. Pourquoi

[1] Favre. Ration. sur la L. 65. — [2] D. Pro Socio L. 65, p. 2 et 9 — [3] Id. L. 58. — [4] Id. L. 4 et 65, p. 10. — [5] Id. L. 65, p. 11.

le *jus societatis* ne passe-t-il pas à l'adrogeant? Répondons avec Paul qu'on ne peut être associé à l'insu des associés; or la même raison vaut pour l'adrogateur et pour l'héritier. Mais, dira-t-on, l'adrogé perd ses biens : pourquoi ne pas dissoudre la société *adrogatione* comme elle est dissoute *egestate?* Parce que la société romaine est moins une réunion de capitaux qu'un choix de personnes. L'émancipation et l'adrogation n'opèrent point dans la personnalité un changement tel que la loi doive déclarer la société dissoute. Chaque associé n'a-t-il pas, d'ailleurs, le pouvoir de dissoudre la société *sud voluntate*?

Si la petite diminution de tête, qui résulte de l'émancipation ou de l'adrogation, ne dissout pas la société, il n'en est pas de même de l'aliénation de l'esclave. Par cette aliénation, la première société finit pour faire place à une nouvelle [1]. L'aliénation est considérée comme une renonciation tacite ; la société renaît avec le consentement du nouveau maître. — Il y a donc à distinguer deux sociétés. La première a duré jusqu'à l'aliénation. Les deux maîtres ont tous deux l'action *pro socio* contre l'associé de l'esclave, qui, à son tour, peut à l'un et à l'autre opposer l'exception. L'action *de peculio* ne dure contre l'ancien maître qu'un an depuis l'aliénation. Après l'aliénation une nouvelle société naît. Le premier maître est dégagé ; le second est seul responsable.

[1] D. Pro Socio L. 58, p. 3.

Enfin, la société est dissoute *ex personis* par la confisca-
tion universelle des biens (*publicatio*), et par la cession de
biens. L'associé est alors considéré comme mort, *pro mortuo habetur*, et la société se trouve dissoute de même que
par la mort naturelle [1]. Gaïus assimile à cette cause de
dissolution ces ventes de biens en masse, qui se faisaient
jadis à la poursuite et au profit, soit du trésor public
(*sectio bonorum*), soit des particuliers (*emptio bonorum*) [2].
Ces sortes de vente opéraient une sorte de succession ;
on pouvait dire que la personne juridique de l'associé
avait péri en lui, et avait passé à un tiers. Sous Justinien,
ces ventes n'existent plus, et si l'on voit figurer la con-
fiscation et la cession de biens au nombre des causes de
dissolution de la société, ce n'est plus comme détruisant
la personne juridique de l'associé, mais comme dépouil-
lant ce dernier de sa fortune et de ses biens : *nam dis-
sociamur morte et egestate*, dit Modestin [3]. Il importe
toutefois d'observer que, dans les divers cas que nous
venons d'examiner, la société peut parfaitement continuer de subsister par un nouveau concours de volontés,
si adhuc consentiant, non-seulement entre les associés
restants, mais même entre ceux-ci et l'associé dont les
biens ont été confisqués ou cédés aux créanciers. C'est
alors une nouvelle société, *nova videtur societas*, dans
laquelle ce dernier est admis pour son industrie.

[1] Inst. L. 5, t. 25, p. 7 et 8. — [2] Gaïus C. III, p. 155, 157. —
[3] Pro. Soc. L. 4.

Ex rebus. — La société se dissout *ex rebus* lorsque la chose qui en fait l'objet vient à périr ou cesse d'être dans le commerce. On ne peut pas, dit Pomponius, se dire associé d'une chose qui n'existe plus ou qui est hors du commerce ; *neque enim ejus rei quæ jam nulla sit, quisquam socius est; neque ejus quæ consecrata sit.* La chose est censée périr lorsqu'elle n'existe plus absolument, ou lorsqu'elle a changé de nature : *quum aut nullæ relinquantur, aut conditionem mutaverint* [1]. La société finit également *ex rebus,* par la consommation de l'affaire, et aussi par l'arrivée du terme fixé. A ce moment, chaque associé a le droit de se retirer de l'association, sans encourir aucune responsabilité, parce qu'alors il n'y a pas de mauvaise foi de sa part, *quia sine dolo malo id fiat* [2].

Ex voluntate. — La troisième cause de dissolution de la société est la volonté de l'une des parties. Lorsque les parties n'ont pas assigné un terme à leur société, il est permis à chaque associé de se retirer de l'association. C'est là un caractère qui distingue la société des autres contrats, où la dissolution n'a lieu que du commun consentement des contractants. La cause de cette puissance attribuée à la volonté d'un seul sur la volonté de tous est dans le principe de droit, qui ne permet pas à l'homme de se lier pour toute sa vie. Chaque associé

---

[1] D. Pro Socio, L. 63, p. 10. — [2] Id. L. 65, p. 6.

est présumé avoir fait une *locatio operarum*. Aussi est-il permis à tout membre d'une société illimitée de demander la dissolution de l'association, sans qu'il ait à rendre compte des motifs qui le font agir.

Mais pour que la volonté d'un seul puisse mettre fin à la société, il faut que la renonciation ne soit ni frauduleuse, c'est-à-dire faite *callide*, *dolo malo*, ni intempestive. Est frauduleuse la renonciation qui a pour but de soustraire à la masse, au profit du renonçant, un bien sur lequel la société a le droit de compter. Ainsi, est frauduleuse la renonciation de cet associé, qui, après avoir formé avec d'autres personnes une société de tous biens, se retire au moment où une succession est sur le point de lui échoir : *relut, si, quum omnium bonorum societatem inissemus, deinde quum obvenisset uni hereditas, propter hoc renuntiavit* [1]. Est intempestive la renonciation qui est faite sans nécessité, à un moment où elle est préjudiciable à la société, *eo tempore quo interfuit socii non dirimi societatem*. Comme si, dit Labéon, étant associé avec vous pour faire le commerce des esclaves, je renonce à la société dans un moment qui n'est point favorable pour la vente des esclaves. Pour juger si une renonciation est faite à contre-temps, il faut considérer l'intérêt commun et non l'intérêt de celui qui renonce : *semper enim non id quod privatim*

---

[1] D. Pro Socio L. 65, p. 5.

interest unius ex sociis sercare solet, *sed quod societati expedit* [1]. Est également intempestive la renonciation qui est faite avant l'époque convenue, lorsqu'un terme a été assigné à la société. Dans ce cas, la volonté de l'une des parties ne peut briser la loi du contrat; à moins toutefois que l'un des associés n'ait de justes motifs de demander la dissolution de la société : *nisi renuntiatio ex quadam necessitate facta sit* [2].

La renonciation doit être régulièrement notifiée. L'étymologie du mot *renuntiare* le prouve : *re nuntiare*, notifier. Ainsi, l'esclave de Titius a formé une société avec Marcus. Le maître ordonne à l'esclave de dissoudre le contrat ; la société ne sera pas éteinte avant que la renonciation n'ait été notifiée à Marcus [3]. — On renonce à la société par soi-même ou par un mandataire. Nul doute dans le cas d'un mandat spécial ; mais que décider si le mandataire a reçu une procuration générale? Peut-il, en vertu de cette procuration, dissoudre la société contractée par le mandant? Oui, à moins que le mandant n'ait dans la procuration retiré au mandataire le pouvoir de renoncer [4].

Lorsqu'un associé fait une renonciation frauduleuse ou intempestive, cette renonciation est frappée d'une nullité relative. Il libère, dit Paul, ses associés envers lui, sans se libérer envers eux : *socium a se, non se a sociis liberat* [5]. Ainsi l'associé a-t-il fait une renonciation

---

[1] D. Pro Socio L. 65, p. 5. — [2] Id. L. 65, p. 6. — [3] Id. L. 18. — [4] Id. L. 65, p. 7. — [5] Id. L. 65, p. 6.

frauduleuse pour recueillir seul, par exemple, un avantage qui revenait à la société? Il est tenu de partager
avec la société l'avantage dont il voulait la priver, et
de plus, il perd tout droit aux profits réalisés depuis sa
renonciation. S'il a encouru quelque perte au sujet du
bénéfice qu'il avait en vue en renonçant, s'il a payé les
dettes d'une hérédité onéreuse, il supporte seul cette
perte; mais là s'arrête sa responsabilité. Il garde les acquisitions postérieures à la dissolution de la société, et
qui n'ont pas été le motif de sa renonciation : pour
celles-là il n'est coupable d'aucune fraude [1].

Ex actione. — La société prend fin *ex actione*, lorsque,
soit par suite d'une stipulation, soit par suite de l'organisation d'une instance, dans le but de dissoudre l'association, il s'opère une novation : *actione distrahitur, quum,
aut stipulatione aut judicio mutata sit causa societatis* [2].
Gaïus partage aussi l'opinion de Paul. *Tollitur adhuc*, dit-
il, *obligatio litis contestatione, si modò legitimo judicio
fuerit actum; nam tunc obligatio quidem principalis dis-
solvitur, incipit autem teneri reus litis contestatione* [4].

Un mot, en terminant, sur les effets de l'extinction de
la société. Trois situations différentes peuvent se présenter : avant le partage; le partage; après le partage.

Avant le partage. — La société dissoute, les associés
tombent dans l'indivision et la communauté; ils sont

[1] D. Pro Socio L. 65, p. 5. — [2] Id. L. 65. — [3] Gaïus C. III,
p. 180.

transformés en communistes pour le temps qui s'écoule entre le jour où la société finit et le jour où le partage se consomme. Cet état entraîne un compte spécial pour les dépenses et les indemnités dues à raison des choses communes, et pour les faits postérieurs à la dissolution. Ce compte est réglé par l'action *communi dividundo.*

Le partage. — A tous les associés appartient le droit de demander le partage, d'aller trouver le Préteur et de demander la formule des actions *pro socio* ou *communi dividundo.* La formule accordée, les parties se rendent devant le juge et demandent la liquidation de la société.

— Cette liquidation se compose de deux séries d'opérations. La première série comprend les comptes respectifs que se doivent les associés; la seconde comprend la composition des lots, et leur adjudication. La mission du juge est bien simple : il apprécie, compense et condamne. Chaque associé fait ses réserves; on établit une balance équitable entre les obligations de chacun, puis on procède à la composition des lots et à l'adjudication.

Après le partage. — Le partage une fois consommé, chacun prend la part qui lui est dévolue. Et si plus tard on s'aperçoit que quelques objets n'ont pas été compris dans le partage, on procède par l'action *communi dividundo* à la répartition de ces objets oubliés; mais le premier partage n'est pas annulé. On concilie ainsi le respect dû à des opérations aussi délicates qu'une liquidation de société, et le principe de l'égalité dans le partage.

DEUXIÈME PARTIE.

DES SOCIÉTÉS A RESPONSABILITÉ LIMITÉE.

INTRODUCTION.

Les dispositions du Code de Commerce (livre Ier titre III) ont longtemps assuré une protection efficace aux intérêts engagés dans les sociétés commerciales. Mais, à une époque peu reculée, de graves désordres s'étant manifestés dans les sociétés en commandite par actions, le gouvernement se vit dans la nécessité de combattre un système de fraude, qui menaçait de prendre chaque jour plus d'extension. Ce fut alors que parut la loi du 17 juillet 1856, qui, en écartant le dol de la constitution des sociétés en commandite par actions, sut organiser une surveillance sérieuse des actes de la gérance, et punir des faits contre lesquels nos lois pénales n'avaient point de dispositions répressives. Malheureusement cette loi dépassa le but qu'elle s'était proposé ; en empêchant les mauvais desseins de réussir, elle arrêta l'exécution des projets honnêtes, et rendit impossibles les commandites par actions. On n'en créa plus de nouvelles, et on liquida la plupart des anciennes.

Le commerce et l'industrie firent entendre de nombreuses plaintes, et se virent bientôt appuyés par des voix puissantes. Le 6 juillet 1861, lors de l'installation

des nouveaux juges du tribunal de commerce de Paris,
M. le président Denière signala avec force les désas-
treuses conséquences de la loi de 1856, *de cette loi que
nos mœurs ont désavouée*, et montrant l'imperfection du
« système, qui, selon lui, prend sa source dans le
» principe même des sociétés en commandite par actions,
» composées de deux éléments distincts, de deux caté-
» gories d'associés, le gérant et les commanditaires,
» n'ayant ni les mêmes droits ni la même responsabilité, »
il proposa, pour éviter le combat de ces principes
inconciliables, d'adopter la société à responsabilité limitée,
c'est-à-dire l'anonymat libre, que pratiquait depuis peu
l'Angleterre. Ces aperçus nouveaux éveillèrent l'attention
publique, et furent reproduits, le 4 novembre suivant,
dans le discours que prononça M. Blanche, avocat général
à la Cour de cassation, lors de la rentrée des tribunaux.
Ce second appel fut entendu, et une commission fut
aussitôt instituée. Quelques mois après, le Conseil d'État
fut saisi ; et le 16 mai 1862, l'exposé des motifs était
déposé avec le projet de loi au Corps législatif. Ce ne
fut que le 8 mai suivant que la Chambre vota la loi sur
les sociétés à responsabilité limitée.

La loi nouvelle a 32 articles. — Les dix premiers règlent
ce qui est relatif à la constitution et à la publicité de la
société ; les articles 11, 12 et suivants jusqu'au 22e règlent
l'administration et le fonctionnement ; les dix derniers
déterminent les prohibitions, les nullités et les responsa-

bilités de diverses natures. Mais avant d'en présenter le commentaire détaillé, jetons un coup d'œil sur l'ensemble de la loi pour mieux en saisir l'esprit et la portée.

Cette loi, qui introduit une quatrième espèce de sociétés, distincte de celles qu'énumère l'art. 19 du Code de Commerce, n'est qu'une imitation du *the joint stock Companies* (acte du 14 juillet 1856), qui réglemente en Angleterre les sociétés incorporées. Son idée capitale est de créer l'Anonymat libre à côté de l'Anonymat privilégié, de soustraire, en un mot, notre ancienne société anonyme aux lenteurs administratives, et aux trop minutieuses formalités bureaucratiques, qui précèdent toute autorisation du Conseil d'Etat. Elle est la conséquence du traité de commerce du 15 mai 1862, qui permet aux sociétés anglaises à responsabilité limitée d'avoir en France une existence légale, et d'y faire toutes les opérations en vue desquelles elles auront été établies. N'eût-il pas été, en effet, aussi injuste qu'inconséquent, en présence de ce traité, d'empêcher les commerçants français d'avoir recours, pour se procurer des capitaux au moyen des associations, à toutes les ressources dont jouissent nos voisins d'Outre-Manche ?

De vives critiques se sont élevées contre la loi qui nous occupe. Les uns ont prétendu qu'elle portait atteinte au principe de la responsabilité personnelle, principe qui est l'âme et la vie du commerce ; les autres ont trouvé qu'elle était trop restrictive, qu'elle n'accordait

pas assez à la liberté et qu'elle établissait trop de pénalités dangereuses. Ces reproches sont-ils fondés ? Nous ne
le pensons pas. — Sans doute, il est parfaitement vrai
que celui qui contracte un engagement, doit supporter
les conséquences de son engagement sur tout ce qui
constitue sa fortune. Mais, c'est aussi un principe non
moins vrai, que les conventions sont la loi des parties.
Et le tiers, qui contracte avec une société à responsabilité
limitée, est averti que l'engagement pris envers lui ne
peut être exécuté que sur le capital social. Ce n'est
point là, du reste, une nouveauté dans nos Codes. Il en
est de même en ce qui concerne les commanditaires dans
les sociétés en commandite, et tous les associés dans les
sociétés anonymes. Or, qui a jamais proposé de suppri-
mer les sociétés anonymes, par respect pour la responsabilité personnelle ? Et, si l'utilité des sociétés anonymes
est prouvée, quel inconvénient y a-t-il à les rendre plus
accessibles, et à les émanciper ?

On objecte vainement que, dans la société en commandite, le gérant est tenu sur tous ces biens. Cette
obligation indéfinie du gérant ne fait pas disparaître
le caractère limité de l'obligation des commanditaires.
Il n'y a, du reste, dans la société anonyme, aucun
membre qui soit tenu indéfiniment, et on ne saurait dire que l'engagement indéfini des sociétaires y
soit remplacé par l'autorisation du gouvernement ; car
cette garantie, purement morale, est d'un ordre tout

différent . D'ailleurs, cette autorisation est une protection insuffisante et inefficace. Quelle que soit la capacité
des Conseillers d'Etat, ils ne peuvent pas juger avec
autorité le mérite des affaires qu'on leur soumet, et
décider où finit la sécurité et où commence l'audace.
Par cela seul qu'ils ne sont pas au milieu du mouvement
des affaires, leur jugement est très-faillible, et sans
chercher des exemples autour de nous, il suffit de
rappeler que cette fameuse banque par actions, qui a
causé la première des scandales et des désastres
financiers, la banque de Law, avait été autorisée par le
gouvernement, et comme le dit M. Troplong, *il y a eu
des Law, par ordonnance, comme il y en a eu de par la
liberté* [1].

Les garanties que la loi nouvelle assure aux actionnaires et au public sont bien plus réelles que celles
qui résultent de l'autorisation du Conseil d'Etat.

La première est dans le caractère de dépendance et
de révocabilité du gérant. Les actionnaires choisissent
parmi eux celui qui peut le mieux diriger la société ; puis
ils le surveillent, et s'ils pensent que son administration est défectueuse, ils le révoquent.

La seconde résulte de la forme même de la société,
qui, de toutes les formes de société, est celle qui offre le
plus de sécurité ; elle en offre même plus que ne pourrait

[1] Discussion au Corps législatif.

en présenter un simple individu responsable indéfiniment. « Supposez, dit M. Ollivier, cet individu aussi solvable, aussi riche que vous voudrez. Qui vous dit que cette solvabilité n'est pas déjà compromise ? Qui vous assure que cette richesse n'est pas une simple apparence ? Comment savoir si le luxe qu'on étale n'est pas entretenu par des emprunts usuraires ? Comment savoir si ce négociant, dont la signature vous paraît avoir une valeur au-dessus du soupçon, n'est pas à la veille du jour fatal où il déposera son bilan ? Oui, quand on traite avec un individu, quelque sincérité qu'inspire une situation apparente, il y a le jour même un inconnu, un point d'interrogation, et souvent le lendemain une terrible réalité. Au contraire, dans la société qui nous occupe, tout est connu, tout se passe en pleine lumière. L'administration d'une société anonyme libre peut être aussi claire que l'est la comptabilité publique dans le budget de l'Etat ; de telle sorte qu'il n'y aura de trompé que celui qui voudra l'être [1]. »

Enfin, indépendamment de ces protections générales, le législateur introduit un système de publicité qui permet aux tiers d'être constamment instruits de ce qui se passe.

La loi nouvelle ne mérite pas non plus le reproche d'avoir fait trop peu. Il est vrai, qu'il serait peut-être désirable que les pénalités correctionnelles fussent moins

---

[1] Discussion au Corps législatif.

prodiguées, mais quoi qu'il en soit, il n'est pas juste
d'accuser la loi d'être illibérale. Et nous n'admettons
pas qu'elle pèche en ce qu'elle exige relativement à la
responsabilité des administrateurs. Sans doute, la liberté
est une bonne chose, mais c'est à la condition qu'elle
aura un correctif, sans lequel elle serait un redoutable
danger, à la condition qu'elle aura pour correctif la
responsabilité de celui qui s'en sert. « Si vous nous
faites libres, observe M. Émile Ollivier, et que vous ne
nous fassiez pas responsables, vous accomplissez une
œuvre détestable et nous ne voulons point de votre
liberté. Du reste, en maintenant la responsabilité des
administrateurs, la loi n'a fait que rester fidèle aux
exigences du droit, aux principes du bon sens et aux
préceptes de la morale [1]. »

[1] Discussion au Corps législatif.

CHAPITRE PREMIER.

CONSTITUTION ET PUBLICITÉ DE LA SOCIÉTÉ.

Le caractère principal de la loi du 23 mai 1863 est indiqué par l'article 1er, par. 1er, qui dispose qu'aucun des associés n'est tenu au delà de sa mise, et que la société n'est cependant point soumise à l'examen et à l'approbation du gouvernement. Ainsi, cette société diffère des sociétés en nom collectif, dans lesquelles tous les associés sont solidairement tenus, et sur tous leurs biens, du paiement des dettes sociales ; des sociétés en commandite, en ce qu'elle n'a point de gérant indéfiniment responsable envers les tiers ; et enfin des sociétés anonymes, puisqu'elle se constitue par la seule volonté de ceux qui la composent [1]. C'est la liberté pour la constitution de la société, la liberté pour son administration, avec la limitation de la responsabilité individuelle à la mise de chaque associé, et de la responsabilité collective au fonds social.

Cette loi n'a en vue que les sociétés commerciales. La Commission du Corps législatif, dans son contre-projet, avait manifesté l'intention d'appliquer la forme nou-

---

[1] Exposé des motifs.

velle aux sociétés *civiles* comme aux sociétés de commerce, dans le but, dit le Rapporteur, de déterminer plus clairement, sinon d'élargir le cercle de la loi, et de faire cesser les hésitations ou les divergences qui se sont produites dans la Jurisprudence, sur le point de savoir si des sociétés civiles peuvent prendre la forme anonyme. Mais le Conseil d'Etat retrancha du contre-projet le mot *civiles*. pour qu'il demeurât bien entendu que *la loi ne peut s'appliquer qu'aux sociétés commerciales*. Toutefois, ajoute le Rapporteur, cette rédaction n'a aucunement l'intention de combattre la Jurisprudence par suite de laquelle il a été décidé que des sociétés, dont l'objet était primitivement civil, avaient pu prendre le caractère commercial et se soumettre valablement à la forme anonyme, par suite des agissements vraiment commerciaux auxquels elles se livraient. Ce qui veut dire que des sociétés civiles, comme les sociétés formées pour l'exploitation des mines, par exemple, pourront revêtir la forme commerciale et se constituer en société anonyme, mais pour cela elles devront, comme par le passé, demander l'autorisation du gouvernement.

Ajoutons encore que la loi nouvelle ne s'applique qu'aux sociétés par actions. C'est ce qui résulte de l'ensemble des dispositions de la loi, qui toutes supposent le capital divisé en actions, et aussi de la réponse que fit le Commissaire du gouvernement à M. Javal. Lors de la discussion de l'article premier, l'honorable membre demanda si la loi *serait* applicable au cas où sept personnes formeraient une société au capital de 1,400 fr. pour aider un petit boutiquier. M. le commissaire du gouvernement lui répondit : « Il ne s'agit ici que de sociétés par actions. Si donc le capital n'est pas divisé en actions ou coupons d'actions, la société ne pourra pas prendre la forme nouvelle [1]. » L'article 54 du Code de commerce ne régit-il pas, au surplus, les sociétés à responsabilité limitée?

Il importe toutefois de bien préciser le sens juridique du mot *action*. Le droit du commanditaire dans la chose sociale s'établit par deux sortes de titres parfaitement distincts. Ou ce titre résulte d'une stipulation du contrat de société, et alors il n'est susceptible que d'une cession civile; ou c'est un titre d'une somme fixe, ou pouvant être fixée, détaché d'un registre à souche, se transmettant par les voies commerciales. C'est ce dernier titre seulement qui constitue l'*action* dans le sens de la loi actuelle, peu importe la dénomination qu'on lui donne.

Aux termes du second paragraphe de l'article 1er, la société doit prendre le nom de *société à responsabilité limitée*. Ce titre est des plus équivoques et des plus trompeurs. Aussi, M. Emile Ollivier regrette-t-il que le nom, « au lieu d'être un nom anglais, qui est à la fois un

[1] Discussion au Corps législatif.

barbarisme et un solécisme, ne soit pas un nom français, un nom plus intelligible. [1] » Pourquoi n'avoir pas pris le nom de *société anonyme dispensée d'autorisation*, ou le nom de *société anonyme libre*, comme le proposait la Commission? Le titre eût alors clairement indiqué le caractère de la loi. L'erreur provient de la traduction trop servile du mot anglais *limited*. Autrefois, dans toutes les sociétés anglaises, même dans celles qui n'avaient point révélé leur existence par des manifestations publiques, chaque associé, lorsque sa qualité était constatée, était tenu sur tous ses biens de la totalité des dettes sociales. Aujourd'hui, il n'en est plus de même. Depuis l'acte du 14 juillet 1856, la société peut être à garantie limitée; seulement, pour qu'elle ait ce caractère, il faut qu'après en avoir fait la déclaration, lors de l'enregistrement, on ajoute le mot *limited* au nom de la société. La portée de cette addition est caractéristique dans le langage juridique anglais, parce qu'elle est employée pour exprimer le contraire de la responsabilité illimitée, et qu'elle ne s'applique qu'à une catégorie d'individus, celle des actionnaires. Quant à la responsabilité des gérants, on n'avait pas à la régler, puisque le fait de la gestion n'ajoutait rien à la responsabilité du commanditaire, lequel était indéfiniment responsable en sa seule qualité. Voilà pourquoi l'acte de 1856 ne réglemente

[1] Discussion au Corps législatif.

que la responsabilité de l'actionnaire, sans s'occuper de celle du gérant, qui n'existe pas pour lui. Aussi, le mot *limited* exprime-t-il exactement ce qu'il doit exprimer. Mais, chez nous, ce titre est on ne peut plus inexact ; la loi ne limite aucune responsabilité, ni celle des actionnaires, puisque cette limitation avait été édictée antérieurement, et par le Code de commerce, et par la loi du 17 juillet 1856, ni celle des gérants, puisqu'elle la supprime tout à fait.

Le paragraphe 5 rappelle les dispositions du Code de commerce, auxquelles doivent être soumises les sociétés à responsabilité limitée. Ces dispositions sont précisément celles qui régissent la société anonyme, tant il est vrai qu'il s'agit ici d'une société de cette espèce ; ce sont les articles 29, 30, 32, 33, 34, 36 et 40. Ainsi, la société n'a point de raison sociale (art. 29) ; et elle n'est qualifiée que par la désignation de l'objet de son entreprise (art. 30). — Son capital se divise en actions et même en coupons d'action d'une égale valeur (art. 34). — Ses administrateurs ne sont responsables que de l'exécution du mandat qu'ils ont reçu, et ils ne contractent à raison de leur gestion aucune obligation personnelle ni solidaire, relativement aux engagements de la société (art. 32).— Les associés ne sont passibles que de la perte du montant de leur intérêt dans la société (art. 33). — L'article 34 règle la forme à suivre pour établir la propriété et la cession des actions. Et l'article 40 ne permet d'établir la société que par acte public. Les efforts de la Commission pour faire admettre l'acte sous seing privé furent inutiles.

Le dernier paragraphe organise l'administration de la société, et permet de la confier à *un* ou plusieurs mandataires à temps, révocables, salariés ou gratuits, *pris parmi les associés*. Ce paragraphe n'est que la reproduction de l'article 31 du Code de Com. Seulement, à l'imitation de la loi du 17 juillet 1856, la loi actuelle exige que les administrateurs soient pris parmi les associés. Du reste, la qualité d'associé ne suffit pas; les administrateurs doivent, en outre, être propriétaires, par portions égales, du vingtième du capital social (art. 7).

Pour qu'une société à responsabilité limitée puisse être formée, le nombre des actionnaires ne doit pas être inférieur à sept (art. 2), et le capital social ne doit pas excéder vingt millions (art. 3). Il était indispensable de renfermer ainsi dans de certaines limites le nombre des associés et le capital de l'association. Le Projet primitif portait à dix le nombre des actionnaires, et ce ne fut que sur l'insistance de la Commission qu'on adopta le chiffre sept, qui est celui de la législation anglaise. Ce chiffre sept a semblé nécessaire pour rendre possible l'organisation du conseil d'administration et des commissaires chargés de la surveillance. Et, en posant une limite au chiffre du capital social, le législateur a pensé que lorsqu'il s'agirait de travaux auxquels il serait indispensable de consacrer un capital supérieur à vingt millions, on serait en dehors des opérations d'intérêt privé, et qu'on devrait alors recourir soit à la société anonyme, soit à la commandite. « Il est rare, dit M. Du Miral, qu'au-dessus de ce chiffre de vingt millions on n'ait pas recours à l'anonymat autorisé [1]. » Une autre raison est la suivante : les sociétés d'un capital supérieur à 20,000,000 sont trop importantes pour ne pas être soumises à la surveillance du gouvernement. — Le Projet fixait aussi une double limite au capital des sociétés nouvelles; il voulait qu'il ne pût être inférieur à 200,000 fr. et supérieur à dix millions. Mais, sur la proposition de la Commission qui demandait la suppression pure et simple de cette disposition, laissant ainsi pour la fixation du capital l'entière liberté qui existe pour les autres sociétés, on procéda par transaction; on supprima la limite inférieure, et on doubla le chiffre du maximum.

Les autres paragraphes de l'art. 3 sont relatifs à la quotité des actions, à la possibilité de les négocier, et aux obligations des souscripteurs primitifs. Ces dispositions sont littéralement empruntées à la loi de 1856 sur les commandites par actions (art. 2 et 3).

Aux termes du deuxième paragraphe, « le capital social ne peut être divisé en actions ou coupons d'ac-

[1] Discussion au Corps législatif.

tions de moins de 100 fr., lorsqu'il n'excède pas 200,000 fr., et de moins de 500 fr. lorsqu'il est supérieur. » Remarquons que la loi dit :.... *actions* ou coupons *d'actions*,.... afin qu'on ne puisse pas éluder la prescription de l'article 5, en divisant les actions en coupons. Les coupons devront donc être, comme les actions, de 100 fr. ou de 500 fr., selon que le capital sera inférieur ou supérieur à 200,000 fr. Le législateur a voulu par là abolir ces actions et ces fractions d'actions de la plus faible somme, *ces billets de loterie* (Langlais), qui ne s'adressent qu'aux petites bourses, aux personnes qui, par leur position, sont les moins capables de distinguer les entreprises sérieuses des opérations extravagantes, mais qui, séduites par la modicité du prix de l'action, et par la perspective des avantages considérables qu'on leur promet toujours, confient aux sociétés nouvelles leurs modestes économies.

Avant la loi du 17 juillet 1856, les actions des sociétés en commandite pouvaient être, au gré des fondateurs, nominatives ou au porteur. Ce point, toutefois, n'était pas admis de tout le monde, et la question de savoir si les actions des commandites pouvaient être au porteur, comme les actions des sociétés anonymes, était des plus controversées. Mais la majorité des auteurs se prononçait, avec raison, pour l'affirmative, en se fondant sur d'anciens usages qui permettaient cette forme d'action aux sociétés en commandite, et surtout sur

6

l'art. 38 du Code de Commerce, qui, par sa place et ses expressions *le capital des sociétés en commandite pourra être aussi....*, semble n'être que la suite des art. 34 et 35, dont les dispositions autorisent les sociétés anonymes à diviser leur capital en actions, soit nominatives, soit au porteur. — Aujourd'hui cette question est sans intérêt; la forme des actions n'est plus abandonnée à l'arbitraire des fondateurs; la loi de 1856, art. 2, exige que les actions soient nominatives jusqu'à leur entière libération. — Il en est de même de la loi sur les sociétés à responsabilité limitée. « Les actions de ces sociétés, dit l'art. 3, par. 3, sont nominatives jusqu'à leur entière libération. » C'est là un moyen efficace de combattre le jeu, la fraude, et d'assurer la réalité du capital. Alors que la responsabilité personnelle disparaît, et qu'elle est uniquement remplacée par le capital social, il faut au moins que ce capital existe. Or, il n'existe qu'à la condition d'être souscrit par des personnes connues, et auxquelles on puisse s'adresser, tant que les versements ne sont pas faits. Les actions ne sont donc au porteur *qu'après leur entière libération*, c'est-à-dire après la libération de toutes les actions, et non pas après la libération des seules actions que l'on veut convertir. C'est ce qu'exprime le Rapporteur de la loi de 1856 par ces paroles : « plus tard, *le capital* sera versé; l'entreprise aura marché, on saura ce qu'elle produit. Or, l'obligation d'être en nom, jusqu'au *verse-*

ment de tout le capital, tend évidemment à éloigner des sociétés tous ces actionnaires nomades.... »

Le par. 3 s'applique-t-il aux actions à ordre? Pourra-t-on, sous la loi nouvelle, créer des actions transmissibles par voie d'endossement, avant la libération entière du capital? Sans aucun doute, puisque ici l'action est nominative. Le titre n'indique-t-il pas le nom du propriétaire? Seulement ces actions ne seront négociables qu'après le versement des deux cinquièmes, conformément aux prescriptions du par. 4.

Les conséquences forcées du caractère nominatif des actions jusqu'à leur entière libération, sont la responsabilité des souscripteurs et la défense de négocier les titres avant le versement d'une certaine quotité. Ces conséquences sont exprimées par le par. 4 de l'art. 3 : « Les actions ou coupons d'actions ne sont négociables qu'après le versement des deux cinquièmes. Les souscripteurs sont, nonobstant toute stipulation contraire, responsables du montant total des actions par eux souscrites. » Par cette disposition se trouve résolue négativement la question de savoir (question déjà tranchée par la loi de 1856) si la cession des *promesses d'actions*, ces titres provisoires délivrés aux souscripteurs qui ne versent pas le montant intégral de leurs actions, a pour effet de faire disparaître l'obligation du souscripteur primitif, pour ne plus donner de recours à la société et aux tiers que contre le cessionnaire. Quoi de plus juste, en effet, dit M. Troplong [1] ! Tout engagement régulièrement contracté n'oblige-t-il pas le débiteur à l'exécution complète du contrat? Qu'importe la cession du titre provisoire? Elle ne peut point faire disparaître l'obligation du souscripteur, qui s'est engagé à payer la valeur entière des actions qu'il a prises. Ici, aucune novation ne se produit. Pourquoi alors la société ne conserverait-elle pas son recours contre le souscripteur? Quand on s'engage dans une affaire, il faut savoir à quoi on s'expose et être responsable jusqu'au bout. Décider autrement, c'est ouvrir la porte à la fraude. Des associés insolvables viendront prendre la place des associés primitifs, et les tiers, qui auront contracté avec la garantie d'un capital suffisant, verront leur gage échapper de leurs mains.

Mais, si le souscripteur est responsable, même par corps, du montant de ses actions, la société n'est pas sans avoir le droit d'agir aussi contre le cessionnaire. C'est même là la voie qui est généralement employée. La société vend d'abord à la Bourse, au cours du jour, les actions non payées, et elle n'exerce son recours contre le souscripteur, qu'à raison de la différence entre le prix d'émission et le prix de vente. Quant aux porteurs intermédiaires, qui ont eu quelque temps entre les mains le titre cédé, ils sont à l'abri de

---

[1] Troplong. Des Soc. n° 189.

toute action. Il serait choquant, dit M. Bravard, que
pour avoir possédé quelques heures des actions non
libérées, on restât trente ans exposé aux poursuites de
la société.

En ne permettant de négocier les actions ou coupons
d'actions, qu'après le versement des deux cinquièmes,
le législateur n'a fait que généraliser pour les sociétés à
responsabilité limitée, comme il l'avait fait pour les
commandites par actions, ce qui existait déjà pour les
actions de chemins de fer. (Lois du 15 juillet 1845, et
du 10 juin 1853.)

Lors de la discussion de ce paragraphe, M. le président du Corps législatif demanda qu'on n'exigeât que le
versement d'un cinquième : « Qu'importe, dit-il, qu'une
action soit négociée avec un cinquième seulement, puisque le lendemain elle vaut plus que la veille, soit à
l'égard des tiers, soit à l'égard de la Compagnie, puisqu'elle a deux garants au lieu d'un? » Citant ensuite
l'exemple des sociétés d'assurances en France et des
banques en Angleterre, où l'on se contente du versement d'un cinquième, il conclut à la suppression de cet
alinéa.

Mais cette objection tomba d'elle-même, car en
matière d'assurances, la loi actuelle n'est pas applicable.
Les assurances par actions doivent, en effet, être auto-
risées par le gouvernement, en vertu de dispositions
spéciales, et par conséquent elles ne peuvent être l'objet

d'une société à responsabilité limitée. Quant à l'argument tiré de l'exemple des banques anglaises, il fut aussi très-loin d'avoir toute la valeur qu'on lui supposait, puisque à l'origine le législateur anglais déclare (art. 2, acte 14, juillet 1856) que la loi n'est pas applicable aux personnes associées pour affaires de banque. Il est vrai que cet article fut rapporté plus tard (art. 3, acte 27, août 1858). Aussi le paragraphe fut-il maintenu; la garantie du public exigeait son maintien. « N'y aurait-il pas quelque chose d'excessif et de fâcheux, dit le Commissaire du gouvernement, si, alors que nous entrons dans une voie nouvelle, alors que nous abandonnons le principe de la responsabilité personnelle, pour nous contenter de la responsabilité du capital, nous étions moins exigeants, vis-à-vis de la société nouvelle, que vis-à-vis des autres sociétés par actions? » Puis il ajoute : « Je le dis dans l'intérêt même de la forme nouvelle de société que nous voulons accréditer; prenons garde de la compromettre par une trop grande facilité, et exigeons d'elle les conditions et les garanties qui sont imposées aux autres sociétés [1]. » — Du reste, remarquons-le bien, la loi ne frappe pas ces actions d'une indisponibilité absolue. Ce qu'elle défend, ce n'est point la cession par les modes usités en matière civile, c'est seulement la négociation par les *voies commerciales.*

[1] Discussion au Corps législatif.

Avant de passer à un autre article, faisons observer que le Projet du gouvernement portait, à l'art. 5, une disposition finale que la loi n'a pas reproduite. Cette disposition déclarait nulle toute stipulation ayant pour effet de diminuer le capital social au-dessous des limites fixées par la loi, soit par des modifications aux statuts, soit par des émissions de nouvelles séries d'actions. Le législateur l'a supprimée, pensant avec raison qu'il était inutile de répéter une nullité que l'art. 24 prononce d'une manière générale, contre toute infraction à l'article 3.

Enfin, pour que la société puisse être définitivement constituée, il faut que le capital social soit souscrit en entier, et que le versement du quart au moins du capital, qui *consiste en numéraire*, soit effectué. Cette souscription et ces versements sont constatés par une déclaration des fondateurs faite par acte notarié (art. 4, par. 1 et 2). — Cette disposition est la reproduction du 2ᵉ par. de l'art. 1 de la loi du 17 juillet 1856. Seulement, la loi nouvelle a ajouté ces mots, *qui consiste en numéraire*, pour mettre fin aux anciennes controverses touchant la question de savoir si on pouvait souscrire le quart du capital autrement qu'en numéraire.

Le quart, dont la loi exige le versement, n'est pas le quart du capital social effectué indifféremment par tels ou tels actionnaires. Ce quart doit être formé par chaque actionnaire, au moyen du versement effectif du quart des actions par lui souscrites. Par cette sage prescription sont réprimées les fraudes auxquelles donnait lieu le droit arbitraire des fondateurs, de déterminer eux-mêmes les conditions de la constitution définitive de la société. Souvent, en effet, sans attendre l'entière souscription du capital social, les fondateurs déclaraient que la société serait provisoirement constituée, après l'obtention d'un certain nombre de signatures et le versement de certaines sommes, qu'ils désignaient à leur gré. Puis, commençant les opérations, ils s'allouaient des appointements, des frais de bureaux, aux dépens des actionnaires; et lorsque les souscriptions ne se complétaient pas, lorsque la marche de la société devenait impossible, ils se bornaient à déclarer cette impossibilité, et les fonds qu'ils avaient touchés étaient perdus pour ceux qui les avaient fournis. Ou bien, lorsque le chiffre des souscriptions ne se trouvait pas rempli, ils recouraient à des signatures de complaisance émanées de personnes sans solvabilité. Les actions définitives étaient alors émises, et les souscripteurs de bonne foi versaient le montant de leurs titres. C'est alors que *ces vampires de l'industrie* (Wolowski) employaient tous les moyens pour faire monter la valeur des actions, et, leur but atteint, ils s'empressaient de vendre celles qu'ils s'étaient réservées à divers titres. La liquidation de la société devenait bientôt forcée par l'évanouissement des signatures de complaisance, et la perte tombait à la charge des actionnaires de bonne foi.

La souscription et le versement du quart doivent-ils avoir lieu simultanément? Dans le silence de la loi, nous pensons que les fondateurs ont le droit de n'exiger le versement des fonds qu'au moment où, désirant mettre la société en mouvement, ils font constater, par une déclaration authentique, l'accomplissement des conditions exigées par l'art. 4. On évite ainsi, au cas où la société viendrait à ne pas aboutir, la perte des intérêts des sommes versées immédiatement, et l'obligation de rembourser le capital apporté.

L'accomplissement des conditions prescrites par l'art 8, par. 1, est constaté par une déclaration des fondateurs faite par acte notarié. La forme authentique a paru seule pouvoir garantir l'exécution fidèle de la loi, bien que déjà l'acte de société soit fait par acte public. Dans les commandites, c'est le gérant qui fait la déclaration, mais, dans les sociétés à responsabilité limitée, comme il n'y a pas de gérant, et comme, au moment de la constitution de la société, il n'y a pas encore d'administrateurs, la loi impose *aux fondateurs* l'accomplissement de la formalité. Le sens du mot *fondateurs* n'est point déterminé par un texte formel, mais ce mot a un sens pratique, sur lequel on ne peut se méprendre. Les fondateurs d'une société sont les personnes qui ont eu l'initiative de l'affaire, qui en ont été les promoteurs et qui y sont restés intéressés, car sous l'empire de la loi actuelle tout fondateur doit être associé. Un individu qui parviendrait à déterminer plusieurs industriels à former une société, à laquelle il resterait étranger, ne serait qu'un intermédiaire, et non un fondateur dans le sens de la loi.

A la déclaration des fondateurs sont annexés la liste des souscripteurs, c'est-à-dire leurs noms, professions et demeures, l'état des versements faits par eux, et l'acte ou plutôt l'expédition de l'acte de société ; car cet acte, ayant été dressé en minute, ne saurait être annexé. Cette déclaration et ces pièces sont soumises à la première assemblée générale, qui en vérifie la sincérité (art. 4, p. 3 et 4). Ce complément de précautions est dû à l'initiative de la Commission du Corps législatif.

L'article 5 règle le mode de vérification des apports qui ne consistent point en numéraire, ou des avantages particuliers accordés à l'un des associés. C'est là encore une reproduction presque littérale des dispositions de la loi de 1856, sauf le dernier paragraphe, que la Commission a fait ajouter, et qui ne fait que confirmer les principes généraux du droit, en déclarant que l'approbation de l'assemblée ne fait point obstacle à l'exercice ultérieur de l'action qui peut être intentée pour cause de dol ou de fraude.

Sous la législation antérieure à 1856, l'exagération frauduleuse de la valeur des apports qui ne consistent point en numéraire, et l'énormité des avantages ordinairement stipulés au profit des fondateurs, comptaient parmi les abus les plus fréquents. On voyait alors des charlatans mettre en société, pour des sommes énormes, des choses qu'ils n'avaient pu vendre à aucun prix, et se faire délivrer un nombre considérable d'actions, qu'ils négociaient au moment favorable, alors que le public, séduit par de pompeuses annonces, donnait tête baissée dans le piège qui lui était tendu. Puis bientôt la société déposait son bilan, et toutes ces choses étaient revendues à vil prix, au préjudice des actionnaires de bonne foi. En 1838, des mines, mises en société sur une estimation d'un million, furent adjugées pour 57,000 fr. — Et malheureusement les actionnaires n'étaient pas moins trompés sur l'importance des avantages que se réservaient certains fondateurs. — De toutes parts on proposa des remèdes pour faire cesser ces abus scandaleux. Les uns demandaient qu'on soumît pendant deux ans à une action en dommages intérêts tout actionnaire qui ferait un apport exagéré. Les autres voulaient que le prix de l'apport consistât toujours dans une part des bénéfices nets de l'entreprise, etc. Mais le législateur se contenta d'exiger la vérification et l'appréciation de la valeur de l'apport ou de l'avantage réservé (art. 4, L. 17 juillet 1856).— Notre article 5 consacre les mêmes principes. Ce fut en vain que M. Calley-Saint-Paul proposa un amendement, dont le but était de faire évaluer judiciairement les apports, au moyen d'une expertise et avec le concours du tribunal de Commerce. Ce moyen fut repoussé comme faisant sortir les juges consulaires de la sphère qui leur est propre, et comme constituant une dérogation à la règle que les intéressés sont et doivent être les meilleurs juges de leurs intérêts. — « Lorsqu'un associé, dit l'article 5, fait un apport qui ne consiste pas en numéraire, ou stipule à son profit des avantages particuliers, la première assemblée générale fait apprécier la valeur de l'apport ou la cause des avantages stipulés. » Cette appréciation est faite par des experts nommés par l'assemblée. L'expertise terminée, l'assemblée se réunit de nouveau pour donner son approbation, et c'est seulement alors que la société est définitivement constituée. — Les associés, qui ont fait l'apport ou qui ont stipulé les avantages soumis à l'appréciation de l'assemblée, n'ont pas voix délibérative, alors même qu'ils sont propriétaires d'actions en numéraire ; le texte est formel et ne distingue pas.

Dans les commandites par actions, la société est immédiatement constituée après l'assemblée qui a accepté l'apport. N'y a-t-il pas alors un gérant qui représente la société? Mais la loi nouvelle s'est montrée plus exigeante. Elle ordonne que, *dans tous les cas*, c'est-à-dire alors même qu'il n'y a ni apport ni avantages à faire accepter, les fondateurs convoquent, postérieurement à l'acte qui constate la souscription du capital social et le versement du quart, une assemblée générale, dans laquelle seront nommés les premiers administrateurs et les commissaires institués par l'art. 15. Elle veut, en outre, que les administrateurs et les commissaires présents à la réunion acceptent, préalablement à la constitution de la société, la mission qui leur est confiée, et que cette acceptation soit constatée par le procès-verbal de la séance (art. 6, par. 2 et 3). — Il est évident que, puisque les administrateurs sont la personnification de la société à responsabilité limitée, cette société ne peut exister sans eux, et qu'elle n'est constituée qu'à partir de leur acceptation. Cette condition, du reste, a pour but de réprimer un abus qui se produisait souvent dans les commandites. On nommait des membres du Conseil de surveillance, à leur insu et sans leur consentement. La société marchait, et plus tard, lorsque les désastres arrivaient, les créanciers n'avaient de recours que contre un gérant souvent insolvable; car, dès qu'ils s'adressaient aux surveillants, ceux-ci les repoussaient en disant qu'ils n'avaient pas accepté la mission qu'on avait cru leur confier.

Les administrateurs ne peuvent être nommés pour plus de 6 ans; ils sont rééligibles, sauf stipulation contraire (art. 6, p. 2). La loi nouvelle ne distingue pas entre la première nomination et les suivantes, et elle prolonge d'un an le terme maximum qui accordait la loi de 1856. Le législateur n'a pas voulu permettre aux actionnaires de se lier envers les administrateurs pour une période trop prolongée, et en fixant à 6 ans la plus longue durée du mandat, il a laissé la possibilité de maintenir dans le sein de l'administration l'uniformité de vues et l'esprit de suite, si nécessaires pour la bonne direction des affaires.

Aux termes de l'article 7 : « les administrateurs doivent être propriétaires, par portions égales, d'un vingtième au moins du capital social . » Le Projet primitif portait cette proportion au dixième. — Le capital, dont le vingtième doit appartenir aux administrateurs, doit s'entendre du capital entier, y compris les apports. — Il importe à la société comme aux tiers, que l'administration ne soit confiée qu'à des mandataires personnellement intéressés au succès de l'entreprise. Et, pour que cette obligation ne soit pas éludée, la loi a fixé non-seulement la part du capital social, qui devait appartenir aux administrateurs réunis, mais aussi celle dont chacun d'eux devait être individuellement propriétaire. Toutes les actions qui forment ce vingtième sont affectées à la garantie de la gestion ; elles sont nominatives, inaliénables, et déposées dans la caisse sociale (art. 7, p. 2 et 5). — Ces dispositions sont, du reste, d'un usage général dans presque toutes les sociétés en commandite, où les statuts exigent du gérant un cautionnement affecté à la garantie de ses actes. Le dépôt et l'inaliénabilité ne cessent qu'avec la gestion.

A côté du système de publicité réglé par le Code de Commerce, l'art. 8 organise un système de dépôt, qui a pour but de porter plus sûrement à la connaissance des tiers la constitution de la société et ses actes les plus importants. Il oblige les administrateurs à déposer au greffe du tribunal de Commerce, dans la quinzaine *de la constitution de la société*, et non pas dans la quinzaine de la date de l'acte social (art. 42. Code de Comm.), puisque, sous la loi actuelle, la constitution de la société est subordonnée à des conditions dont l'accomplissement est postérieur au contrat : 1° une expédition de l'acte de société et de l'acte constatant la souscription du capital et le versement du quart ; 2° une copie certifiée des délibérations prises par l'assemblée générale, dans les cas prévus par les art. 4, 5, 6, et de la liste nominative des souscripteurs, contenant les noms, prénoms, qualités, demeures, et le nombre d'actions de chacun d'eux. —Ces pièces sont, en outre, affichées dans les bureaux de la société, et toute personne a le droit de les consulter, et même de s'en faire délivrer une copie à ses frais.

Comparons le système de publicité de l'article 8 à celui des art. 42 et suivants du Code de Commerce. Dans les art. 42 et suivants, la loi exige qu'on publie seulement les clauses qui intéressent les tiers ; aussi ne fait-on alors qu'une publication par extrait. La même publicité a lieu dans les commandites par actions. Mais pour les sociétés anonymes (art. 45. Cod. de Comm.), comme la publicité est exigée dans l'intérêt même des actionnaires, on publie l'acte en entier. C'est ce qui a lieu également dans la société à responsabilité limitée, qui, nous l'avons dit, n'est qu'une société anonyme dispensée de certaines entraves.

La loi nouvelle nous montre l'esprit du législateur, et devient un guide précieux pour la solution de plusieurs questions délicates, relatives aux sociétés anonymes ordinaires; notamment pour la solution de la question de savoir si les formalités de publicité exigées par l'art. 45 Cod. de Com. sont exigées à peine de nullité. Cette question est résolue affirmativement par l'art. 8 de notre loi. — Cet article tranche aussi, du moins implicitement, la question de savoir si dans le cas, où l'existence de la société est subordonnée à une condition, la publication doit avoir lieu, selon la lettre de l'art. 42 Cod. de Comm., dans la quinzaine de la date de l'acte social, ou si elle doit seulement avoir lieu dans la quinzaine de l'événement de la condition. Si nous consultons, en effet, l'esprit de l'art. 8, nous sommes portés à dire que la quinzaine ne court que du jour de l'accomplissement de la condition, du jour où la société a sa complète existence.

L'article 42 Cod. de Comm. exige que si la société a plusieurs maisons de commerce situées dans divers arrondissements, le dépôt soit fait au greffe de chaque arrondissement. Quoique notre loi ne contienne pas la même prescription, nous pensons qu'il faut, par identité de motifs, étendre l'art. 42 à l'art. 8. Du reste, l'art. 9, en renvoyant à l'art. 42, exige le dépôt des extraits dans tous les greffes, et il serait singulier que les dépôts d'extraits dussent être géminés, tandis que les actes constitutifs de la société ne devraient pas l'être. — Lorsqu'il n'y a pas de tribunal de commerce dans l'un des arrondissements, où se trouve une des maisons de la société, le dépôt se fait au greffe du tribunal civil. L'art. 640 Cod. de Comm. doit s'appliquer à l'art. 8 comme à l'art. 42 C. C.

Indépendamment du dépôt prescrit par l'art. 8, l'article 9 édicte une mesure de publicité, dont le mode est conforme à celui de l'art. 42 du Code de Commerce. Mais remarquons que, tandis que les articles 42 et suivants n'exigent que la publication d'un extrait intéressant les tiers, ici l'article 9 exige la publication d'un extrait composé dans l'intérêt *des actionnaires* et des créanciers. — Aux termes de cet article : « Dans la quinzaine de la constitution de la société, un extrait des actes et *délibérations* énoncés dans l'article précédent est transcrit, publié et affiché, suivant le mode prescrit par l'art. 42 du Cod. de Comm. Cet extrait doit contenir : 1° les noms, prénoms, qualités et demeures des administrateurs ; 2° la désignation de la société, de son objet et du siége social ; 3° la mention qu'elle est à responsabilité limitée ; 4° l'énonciation du montant du capital social, tant en numéraire qu'en autres objets ; 5° la quotité à prélever sur les bénéfices, pour composer le fonds de réserve ; 6° l'époque où la soc. été com-

7

mence et celle où elle doit finir ; 7° enfin la date du dépôt au greffe, prescrit par l'art. 8. Il doit, en outre, être
signé par les administrateurs de la société. » Ce dernier
paragraphe apporte une dérogation à l'art. 44 du Code
de Comm., qui dispose, que les extraits des actes publics
sont signés par les notaires, et non pas par les parties.
Cette dérogation se justifie par cette considération, qu'on
ne publie pas seulement l'extrait de l'acte social, mais
encore l'extrait des délibérations, extrait que le notaire
n'aurait pas pu certifier.

Toutes ces formalités, prescrites par les art. 8 et 9,
s'appliquent également aux actes et délibérations qui
ont pour objet la modification des statuts, la continuation
de la société au delà du terme fixé pour sa durée, la
dissolution avant ce terme, et le mode de liquidation
(art 10). L'article 10 n'est que la reproduction du principe posé dans l'art. 46 du Cod. de Comm. avec cette
addition qu'il faut, outre la publication, le dépôt au
greffe.

CHAPITRE II.

Dans la société a responsabilité limitée, la direction et la surveillance des affaires sociales sont confiées, avec des attributions et des obligations diverses, aux administrateurs, à l'assemblée générale et à des commissaires spéciaux, nommés chaque année.

L'administration de la société ressemble beaucoup à celle de la société anonyme; dans l'une comme dans l'autre, les administrateurs ne sont responsables que de l'exécution de leur mandat, et ils ne contractent, à raison de leur gestion, aucune obligation personnelle. Cependant il existe des différences caractéristiques que nous devons signaler. Les administrateurs des sociétés à responsabilité limitée doivent être associés; ils doivent, en outre, être propriétaires par portions égales d'un vingtième au moins du capital social. Ils sont toujours nommés, même à l'origine, par l'assemblée générale, et leur mandat ne dure que six ans. Ils sont enfin responsables des dettes sociales, en cas d'annulation de la société, pour inobservation des formalités exigées pour sa constitution.

Les administrateurs sont ordinairement au nombre de

plusieurs; cependant il peut y avoir, comme dans la société anonyme, un administrateur unique (art. 1er) prenant le titre de directeur. Lorsqu'il y a plusieurs administrateurs, ils agissent tous séparément, ou ils constituent un conseil d'administration, en déléguant les pouvoirs d'exécution, soit au président du conseil, soit à un comité. — Leurs pouvoirs sont déterminés par les statuts. La loi n'a pas fixé pour les administrateurs, comme elle l'a fait pour les commissaires, la limite et l'étendue du mandat dont ils sont investis; elle a laissé ce soin aux intéressés. C'est donc l'affaire des statuts de mesurer les pouvoirs des administrateurs à l'importance de la société et au degré de confiance que l'on veut accorder. Disons seulement qu'en thèse générale les administrateurs ont le droit de faire tous les actes, qui tiennent directement à l'administration. Il suffira donc, pour que les pouvoirs des administrateurs soient nettement tracés, de bien déterminer la nature des opérations, qui font l'objet de la société et le but qu'elle se propose. Car le devoir des administrateurs étant de diriger la société de manière à ce que son but soit rempli, il suit de là que leurs pouvoirs découlent naturellement de la nature des opérations et du but de la société; ils doivent par conséquent faire tout ce qui est nécessaire pour atteindre ce but; et tant qu'ils exécutent fidèlement leur mandat, ils sont à l'abri de toute action personnelle. Mais ils ne peuvent ni aliéner ni hypothéquer les immeubles sociaux, ni transiger ni compromettre, à moins d'un pouvoir spécial; et ils n'ont le droit d'intenter une action ou d'y défendre, qu'autant qu'elle se rattache à la gestion.

Le premier devoir d'une société à responsabilité limitée est de révéler son véritable caractère dans tous ses actes et ses manifestations extérieures. L'article 11 exige que dans tous les actes, factures, annonces, publications et autres documents émanés de la société, la dénomination sociale soit toujours précédée ou suivie immédiatement de ces mots, écrits lisiblement en toutes lettres : *Société à responsabilité limitée*, et de l'énonciation du montant du capital social. Cet utile avertissement est puisé dans la loi anglaise (art. 51), qui va même jusqu'à exiger, sous peine d'une amende de 5 liv. sterl., par jour de retard, qu'une inscription soit placée sur l'édifice où sont situés les bureaux de la société.

Les articles 12, 13 et 14 règlent ce qui est relatif à la tenue des assemblées générales. — Aux termes de l'article 12 : « Il est tenu, chaque année au moins, une assemblée générale à l'époque fixée par les statuts. » C'est ce qu'on appelle l'assemblée générale ordinaire, dans laquelle on rend compte aux actionnaires de ce qui a été fait pendant l'exercice écoulé. Conformément à ce qui se passe dans la pratique, les statuts déterminent le nombre d'actions qu'il est nécessaire de posséder, soit à titre de propriétaire, soit à titre de mandataire, pour être admis dans l'assemblée, et aussi le nombre de voix appartenant à chaque actionnaire, eu égard au nombre d'actions dont il est porteur. Ce nombre d'actions est plus ou moins élevé, selon l'importance du fonds social. Il est vrai que tous les actionnaires devraient concourir aux assemblées générales ; mais il faut bien céder aux nécessités matérielles, en limitant le nombre des personnes pouvant avoir accès dans le lieu de la réunion. A défaut de limitation dans les statuts, tous les porteurs d'actions font partie de l'assemblée, et les voix se comptent par tête, comme cela a lieu pour les premières assemblées, appelées à statuer dans les cas prévus par les art. 4, 5, 6. —Faisons remarquer ici une antinomie entre l'art. 12, qui permet d'imposer un minimum d'actions pour assister à l'assemblée, et l'art. 14, qui exige que le quart du capital social y soit représenté, au moins à une première convocation. Que décider en cette circonstance? Selon nous, l'art. 12 doit céder à l'art. 14. Sans doute, les statuts pourront, *à priori*, fixer le minimum d'actions nécessaire pour prendre part aux assemblées, mais c'est à la condition, qu'il se trouvera assez d'actionnaires, propriétaires de ce nombre d'actions, pour représenter un quart du fonds social.

Les art. 13 et 14 posent des règles observées dans toute société sagement dirigée, et qui ont pour elles la consécration de l'expérience. — D'après l'art. 13 : « Les délibérations sont prises à la majorité des voix. Il est tenu une feuille de présence, qui contient les noms et domiciles des actionnaires, et le nombre de leurs actions. Cette feuille, certifiée par le bureau de l'assemblée, est déposée au siége social, et doit être communiquée à tout requérant. » C'est là une sage précaution contre les fraudes dont la tenue des assemblées n'était que 'rop fréquemment l'occasion. — Maintenant, comment est composé le bureau de l'assemblée? La loi est muette sur ce point. Il appartient donc aux statuts d'en déterminer la composition.

L'article 14 s'occupe de ce qui a trait à la composition de l'assemblée. Le par. 1er décide que les assemblées *ordinaires* se composeront d'un nombre d'actionnaires représentant *le quart* au moins du capital social. — Cette exigence est particulière aux sociétés à responsabilité limitée. Les sociétés en commandite par actions restent soumises à la loi du 17 juillet 1856, qui permet de stipuler les conditions de présence qui paraissent le mieux convenir. — Lorsque l'assemblée ne réunit pas le nombre voulu, une nouvelle assemblé est convoquée et elle délibère valablement. quelle que soit la portion du capital reprentée par les actionnaires présents (par. 2). Il était bon que l'indifférence des actionnaires ne put pas rendre impossible toute délibération. — Mais pour certaines assemblées *extraordinaires*, qui ont un but spécial, la loi, considérant l'importance de l'objet mis en délibération, élève le chiffre du capital, qui doit être représenté, et le porte à la *moitié* de ce capital. Cela s'applique :

1° aux assemblées qui délibèrent sur l'objet indiqué en l'art. 5, c'est-à-dire aux assemblées qui apprécient la valeur de l'apport en nature ; dans ce cas le capital, dont la moitié doit être représenté, se compose seulement des apports non soumis à la vérification ; 2° à l'assemblée qui nomme les premiers administrateurs, dans le cas prévu par l'art. 6 ; 5° aux assemblées qui délibèrent sur les modifications à apporter aux statuts, et sur les propositions de continuation de la société, au delà du terme fixé pour sa durée, ou de dissolution avant ce terme (art. 14, par. 5-9). — Lorsque la condition exigée par la loi n'est pas remplie, lorsque les membres présents à la première et à la seconde convocation ne représentent pas la moitié des actions, la modification proposée n'est pas admise.

En matière de société anonyme ordinaire, le gouvernement peut, par le décret d'autorisation, ne pas exiger les majorités de l'article 14. Mais en fait, et sauf des cas exceptionnels, il n'autorise les sociétés anonymes, qu'à la condition que les statuts reproduisent l'article 14. Cette faculté qu'a le gouvernement de déroger, lorsque la nature de la société l'exige, aux règles dont nous nous occupons, motive parfaitement l'existence simultanée des sociétés anonymes et des sociétés à responsabilité limitée, alors même que le capital est inférieur à 20,000,000.

Maintenant que nous connaissons la tenue et la composition de l'assemblée générale, voyons quels sont ses droits. En principe, l'assemblée générale est le complément naturel de l'administration. C'est elle qui délibère sur tous les intérêts sociaux, lorsque les objets, qui font la matière des délibérations, rentrent dans l'exécution des statuts, et n'en excèdent pas les limites. C'est elle qui impose à l'exploitation sociale les conditions qu'elle juge convenables, qui prend toutes les mesures qui se rapportent à l'exécution du contrat, quelque influence que ces mesures puissent en définitive exercer sur le fonds social, qui apprécie et approuve les apports, qui nomme enfin les administrateurs et les commissaires, etc. Mais toute délibération, qui a pour résultat de pervertir l'application des statuts, est irrégulière et nulle.

Dans les commandites par actions les opérations des gérants sont contrôlées par les membres du conseil de surveillance. Dans les sociétés à responsabilité limitée, ces surveillants sont remplacés par des *commissaires*, choisis, au nombre d'un ou de plusieurs, parmi les associés, ou en dehors d'eux, et désignés chaque année par l'assemblée générale. A défaut de nomination par l'assemblée générale, ou en cas d'empêchement ou de refus d'un ou de plusieurs des commissaires nommés, il est procédé à leur nomination ou à leur remplacement par ordonnance du président du tribunal de Commerce du siége de la société, à la requête de tout intéressé, les

administrateurs dûment appelés (art. 15). Cette institution a la plus grande analogie avec celle des *inspecteurs*,
qui, dans les sociétés anglaises, sont établis par les articles 48, 49 et suivants de l'acte du 14 juillet 1856.
Elle existe aussi en fait dans un grand nombre de sociétés anonymes, sous le nom de *Censeurs*. —Quelques tribunaux de commerce ont vu, dans cette création de la
loi nouvelle, une atteinte au principe de l'unité de direction, et le germe probable d'un antagonisme fâcheux
entre les administrateurs et les commissaires, *ces commissaires de police*, comme les appelle M. Javal, qui peuvent jeter du trouble dans les affaires de la société, s'ils
ne sont pas des hommes parfaitement honnêtes. Mais
c'est là une erreur manifeste, car la sphère d'action des
administrateurs et des commissaires est parfaitement
distincte; les premiers agissent, les seconds se bornent à
contrôler et ils n'ont pas même le droit *de veto* sur les
actes des premiers. L'unité de direction n'est donc pas
compromise. « Sans doute, dit M. Du Miral, cette institution pourra parfois causer une gêne et un ennui aux
administrateurs ; mais ce n'est là qu'un inconvénient
secondaire, et il est impossible de ne pas reconnaître
qu'elle constitue pour les actionnaires non administrateurs et pour les tiers une garantie efficace et presque
nécessaire [1]. »

[1] Rapport de la Commission.

Ces commissaires ont à peu près les mêmes pouvoirs que les membres du conseil de surveillance. (Loi 17 juillet 1856, art. 8 et 9). Pourquoi alors avoir créé des noms différents pour des personnes qui ont les mêmes fonctions? C'est qu'il existe certaines différences entre ces surveillants. Ainsi, le commissariat peut se composer d'*un seul* commissaire, associé *ou non*; tandis que la loi de 1856 exige que le conseil de surveillance enferme *plusieurs actionnaires*. Ces différences ont, du reste, leur raison d'être. Dans les commandites, où il faut un contrôle actif, sérieux et de tous les instants, *plusieurs* surveillants *intéressés* au succès de l'entreprise ne laissent pas que d'être nécessaires. Mais dans les sociétés à responsabilité limitée, où le contrôle demande moins d'activité, *un seul* commissaire *non actionnaire* peut parfaitement surveiller les administrateurs. Il est, dès lors, fort bon de ne pas se priver du concours d'hommes intelligents, qui souvent n'entreraient pas dans une société, s'il leur fallait prendre des actions.

Les Commissaires exercent un contrôle permanent sur la situation de la société et sur les actes des administrateurs. Aussi ont-ils le droit, toutes les fois qu'ils le jugent convenable dans l'intérêt social, de prendre communication des livres, d'examiner les opérations et de convoquer l'assemblée générale (art. 16). Et non-seulement ils ont le droit de prendre *communication* des livres, mais ils peuvent même *prendre copie in extenso* des procès-verbaux des assemblées d'actionnaires et de leurs annexes. C'est ce que décide un arrêt de la Cour de Paris, en date du 9 juillet 1866 ; arrêt qui réforme un jugement du tribunal de Commerce de la Seine, et dont voici quelques-uns des considérants. « Considérant que les commissaires institués par la loi du 23 mai 1863 ont, aux termes de l'art. 16 de cette loi, le droit, toutes les fois qu'ils le jugent convenable dans l'intérêt social, de prendre communication des livres, et d'examiner les opérations de la société. — » Considérant que le droit s'étend aussi loin que l'exigent les attributions des commissaires et les nécessités du contrôle qu'ils doivent exercer sur les opérations de la société ; que les communications qu'ils sont en droit d'exiger comportent donc le droit de prendre et de faire prendre copie de tous les documents nécessaires à l'exercice de la surveillance, en vue de laquelle la loi les a institués ; — » qu'en effet une communication, qui ne consisterait que dans une simple lecture du document dont il leur serait donné connaissance, serait insuffisante, soit à raison de sa complication, soit à raison de la nature d'une affaire sociale, pour qu'ils puissent se rendre compte de la situation de la société ; et que si on leur reconnaît le droit de prendre des notes, il n'y a pas de raison pour leur refuser de prendre copie des notes plus ou moins complètes, en ne les distinguant de la copie que par des différences qui tiennent plus à la forme qu'au fond. » — Le

même arrêt refuse aux actionnaires la faculté de demander la communication desdits procès-verbaux et annexes ; ils n'ont droit qu'aux communications énoncées
dans les art. 8 et 18 de la loi de 1863.

La mission principale des commissaires est de vérifier
l'exactitude du bilan et des comptes, qui, chaque année, doivent être présentés par les administrateurs, et
de faire un rapport qui constate cette vérification. Ce
rapport doit précéder, *à peine de nullité*, les délibérations contenant l'approbation du bilan et des comptes
(art. 15, p. 1, 2). Les mots *à peine de nullité* sont une
innovation sur la loi de 1856, qui, dans son art. 8,
ne prononce point la nullité de l'homologation, pour
défaut de rapport. — Faut-il étendre l'art. 15 de la loi de
1863 à l'art. 8 de la loi de 1856? Ce serait logique.
On donnerait ainsi une sanction à l'art. 8, et on ne lais-
serait pas de contradictions entre ces deux lois.

Pour faciliter le contrôle des commissaires, la loi impose aux administrateurs l'obligation de dresser chaque
trimestre, et de mettre à leurs disposition, l'état résumant la situation active et passive de la société. Les administrateurs doivent, en outre, établir chaque année,
et présenter à l'assemblée un inventaire contenant
l'indication des valeurs mobilières et immobilières, et de
toutes les dettes actives et passives de la société (art. 17).
Cette disposition n'est, du reste, que la consécration de
ce qui se pratique dans tout commerce régulier. Enfin,

quinze jours au moins avant la réunion de l'assemblée générale, une copie du bilan, résumant l'inventaire et le rapport des commissaires, doit être adressée à chacun des actionnaires connus, et déposée au greffe du tribunal de Commerce, sans préjudice du droit qu'a tout actionnaire de prendre au siége social communication de l'inventaire et de la liste des actionnaires (art. 18). De cette manière les intéressés ont toute facilité de se livrer à l'examen de ce qu'il leur importe de connaître.

Les effets de la responsabilité des commissaires sont déterminés d'après les règles générales du mandat. Nous verrons, sous l'art. 26, quelle est l'étendue de cette responsabilité.

Pour donner plus de confiance aux tiers et plus de crédit à la société, l'art. 19 prescrit, dans le but de maintenir l'intégrité du capital social, la formation d'un fonds de réserve pris sur les bénéfices annuels. Ce prélèvement *d'un vingtième au moins* cesse d'être obligatoire lorsque le fonds de réserve atteint le dixième du capital social. — La loi n'a fait ici que suivre la pratique commerciale admise par le Conseil d'Etat pour les sociétés anonymes. — Ce prélèvement établit une sage compensation entre les résultats de la bonne et de la mauvaise fortune ; il imprunte au présent au profit de l'avenir. — Malheureusement, il arrive souvent que le fonds de réserve ne suffit pas pour combler le déficit et réparer les pertes de la société. Dans ce cas, lorsque le capital se trouve réduit au quart, les administrateurs sont tenus de provoquer la réunion de l'assemblée générale, à l'effet de statuer sur la question de savoir s'il y a lieu de prononcer la dissolution de la société (art. 20).

Une vive discussion s'engagea au Corps législatif, sur cet article 20. Plusieurs députés, MM. Cosserat, David Deschamps, André, demandèrent à ce qu'on changeât la rédaction de l'article. « Il me paraît nécessaire, dit M. Cosserat, de faire remarquer à la Chambre que l'actif d'un inventaire industriel, lors même que cet inventaire est fait de bonne foi, dépasse toujours la valeur vénale, c'est-à-dire que si, par suite d'une dissolution, on met en vente l'établissement, on trouve un grand déficit entre l'actif indiqué à l'inventaire et la somme réalisée par le liquidateur. Une société qui indique 75 % de perte dans son inventaire, ne donnera rien ou presque rien à ses actionnaires, après la liquidation définitive. Or, si nous voulons qu'il reste encore quelques bribes aux malheureux actionnaires, il ne faut pas tolérer que les administrateurs attendent, qu'il y ait plus du tiers ou de la moitié du capital social perdu, pour provoquer la dissolution. Mais M. Du Miral, Rapporteur, s'opposa énergiquement au rejet de l'article : « Il n'est pas exact de dire, s'écrie-t-il, que, dans tous les cas, une société soit condamnée à mourir dans l'insolvabilité, lorsqu'elle a dépensé les trois quarts de son capital. En fait, il y a beaucoup d'exceptions. Il n'est pas vrai, non plus, que

les actionnaires et le public ne soient avertis de la situation fâcheuse de la société que lorsque les trois quarts
du capital ont été perdus. C'est si peu exact, que,
chaque année, il y a des inventaires réguliers pour la
sincérité desquels des prescriptions, qu'on a accusées
d'être trop sévères, sont édictées par la loi, et qui ont
pour résultat de mettre les tiers et les actionnaires au
courant de la véritable situation. Si donc, à raison de
la nature de l'affaire, de la nature de son capital, les
véritables intéressés reconnaissent qu'il peut y avoir péril à continuer, lorsque la moité du capital, par exemple,
a péri, qu'il peut y avoir avantage alors à se dissoudre,
l'assemblée générale est saisie et prononce sur la dissolution. » Et s'adressant à M. le baron de Beauverger, qui
demandait pourquoi l'article 20 dit : « *La perte des trois
quarts du capital*, » il répond, que comme il est impossible de fixer un chiffre exact auquel on puisse dire sûrement qu'une société est ou n'est pas en péril, il a bien
fallu donner une limite. Or, la limite, qui fixe la dissolution après la perte des trois quarts du capital, est celle
qui est généralement adoptée pour les sociétés anonymes.

Du reste, ajoute M. Emile Ollivier, c'est une question
de fait que celle de savoir quand la perte réalisée dans
une société la met ou ne la met pas en péril. Il peut, en
effet, très-bien arriver que dans certaines sociétés plus
des trois quarts du capital aient été dépensés et qu'on

arrive précisément à l'heure où la prospérité va commencer. Dans cette situation, comment peut-on exiger
une dissolution ? Le système de la loi est très-simple ; il
dit ceci : à toute heure, l'actionnaire est instruit de la
réalité, tous les ans ou tous les trois mois, on lui dit sa
situation. Quand il juge que le moment de la dissolution
est arrivé, il peut la provoquer, et seulement à titre de
précaution extraordinaire. Quand la perte est des trois
quarts du capital, la loi impose à la société l'obligation
de se livrer à un examen ; dans tous les cas, possibilité
de provoquer la dissolution. Quand les trois quarts sont
perdus, nécessité d'examiner.

Lorsque le capital se trouve réduit au quart, le
Projet du gouvernement rendait obligatoire la dissolution de la société ; mais on a pensé qu'il était plus
sage de laisser les actionnaires juges de la question.
N'y a-t-il pas, en effet, certaines affaires qui, comme
les sociétés de mines, peuvent encore fonctionner avec
un capital réduit, et qu'il serait trop rigoureux d'anéan-
tir au moment où elles semblent devoir réparer leurs
pertes ? Du reste, pourquoi les associés n'auraient-ils
pas, dans une certaine mesure, le même droit qu'ont
les particuliers, de continuer à vivre, tant qu'ils peuvent
avoir un espoir légitime de se tirer d'affaire ?

Nous trouvons une disposition analogue dans la loi
anglaise. Aux termes de l'art. 67 de l'acte du
14 juillet 1656, une compagnie peut être liquidée par

8

ordre de la Cour, lorsque les trois quarts du capital de la compagnie sont perdus, ou ne peuvent plus être employés. Mais cette disposition a disparu et a été remplacée par une autre qui autorise la Cour (la Haute Cour de la Chancellerie) à mettre en liquidation toute société à responsabilité limitée, quand elle pense qu'il y a lieu de le faire. « *Whenever the Court is of opinion that it is just and equitable that the Company should be wound up.* » (Acte du 6 août 1862.)

La décision de l'assemblée générale est, dans tous les cas, rendue publique dans la forme prescrite par l'art. 8. Remarquons ici que, lorsque la dissolution de la société est prononcée, le renvoi à l'art. 8 est incomplet, puisque cet article ne contient qu'une partie des règles de publicité qu'édicte la loi nouvelle.

Lorsque les administrateurs ne réunissent pas l'assemblée générale, chaque intéressé a le droit de demander aux tribunaux la cessation de la société. Seulement les tribunaux ne sont point forcés de la prononcer. La loi, au cas de perte des trois quarts du capital social, a rendu la dissolution simplement facultative, et la justice doit statuer dans les mêmes conditions que l'assemblée. — Il en est autrement lorsque six mois se sont écoulés depuis l'époque où le nombre des associés a été réduit à moins de sept ; la dissolution est ici obligatoire (art. 21) C'est la sanction nécessaire de la limitation du nombre d'associés que fixe l'art. 2. — Observons toutefois que c cas arrivera rarement, puisque en principe, la mort, la faillite, l'incapacité d'un associé ne font point disparaître son intérêt. Le seul cas qui pourra motiver la dissolution de la société sera celui où, par suite de l'absorption, n'importe par quels moyens, que feront quelques associés des droits des autres, il ne se trouvera plus en présence qu'un nombre de moins de sept intéressés.

L'article 22, à l'exemple de l'art. 14 de la loi du 17 juillet 1856, permet aux actionnaires, qui ont à former des réclamations contre les administrateurs, à raison de leur gestion, et dans un intérêt commun, de charger à leurs frais *un* (la loi de 1856 dit *plusieurs*), ou plusieurs mandataires d'intenter ces réclamations ou d'y défendre. Les termes de cet article ne parlent, il est vrai, que *d'une action à intenter*, mais nous pensons que la loi doit être étendue au cas de défense comme au cas d'attaque. — C'est ce qui a lieu sous la loi de 1856. — Seulement dans les sociétés à responsabilité limitée, les actionnaires ne peuvent agir ainsi collectivement, qu'autant qu'ils représentent le vingtième au moins du capital social. — Appliquerons-nous la même solution à l'art. 14 de la loi de 1856? Faudra-t-il que les actionnaires représentent le vingtième au moins du capital social pour pouvoir agir contre les gérants ou les membres du Conseil de surveillance? Quoique les motifs soient les mêmes dans les deux cas, nous n'irons pas jusque-là. — Par contre, nous n'étendrons pas à l'art. 22 de notre loi la disposi-

tion de l'art. 14 de la loi de 1856, qui autorise le tribunal de Commerce à pourvoir, en cas d'urgence, à la
nomination des commissaires. — N'oublions pas que dans
l'article qui nous occupe il ne s'agit que des actions
contre les administrateurs personnellement à raison de
leur gestion. La représentation en justice ne pourrait
donc s'étendre, malgré l'analogie, aux actions intentées,
soit contre la société elle-même, soit contre les commissaires, ni aux procès entre les actionnaires eux-mêmes.
C'est une lacune de la loi à laquelle les tribunaux ne
peuvent suppléer.

Cet article a été, lors de sa discussion au Corps législatif, l'objet de vives critiques. M. Ségris lui reprochait
d'être en contradiction avec le vieux principe du Droit
français : *nul ne plaide par procureur.* MM. Devinck et
de Bussierre se plaignaient de ce que la loi, en rendant
aux actionnaires tracassiers et aux gens d'affaires les
procès plus faciles, contenait une menace perpétuelle
contre les administrateurs. Mais M. Josseau fit justice
de tous ces reproches immérités. « La pensée, qui a
présidé à l'institution des Commissaires, n'est pas, dit-il,
comme le pense M. de Bussierre, une pensée de défiance
ou de suspicion contre les administrateurs. Les auteurs
de l'article 22 n'ont eu d'autre but que la simplification
des procédures, la diminution des frais et un accès
plus facile auprès des tribunaux. La loi a voulu permettre aux actionnaires, aux petits actionnaires sur-

tout, à ceux qui sont d'autant plus dignes d'appui et
de protection qu'ils sont plus faibles, qu'ils peuvent
moins s'exposer aux frais, disproportionnés avec leurs
ressources, qu'entraîneraient des procès isolés, de sauve-
garder plus facilement et plus économiquement que
par des instances séparées les intérêts que la faute des
administrateurs pourrait avoir compromis. — Du reste,
pourquoi refuser aux actionnaires des sociétés à responsabilité limitée une faculté qu'ils ont dans les sociétés
en commandite, sans que jamais, depuis 1856, il ait été
élevé la moindre réclamation contre son exercice? — Si
donc cette faculté existe vis-à-vis des membres d'un conseil de surveillance, n'y a-t-il pas une raison de plus de
l'admettre vis-à-vis des administrateurs d'une société à
responsabilité limitée? Les administrateurs ne doivent-
ils pas, en effet, avoir une responsabilité plus grande, eux
qui ont non-seulement la surveillance, mais encore l'action, la direction, la gestion de la société [1]?» — « Puis,
ajoute M. Du Miral, on suppose que les actionnaires
sont des gens tracassiers, menés par des hommes d'affaires qui viennent intenter contre les hommes les plus
honorables des procès qui n'ont pas le sens commun,
des procès *de chantage,* comme le dit M. de Kerveguen.
Mais c'est là une hypothèse parfaitement gratuite, qui
ne se réalisera jamais, car des gens sensés n'intentent

[1] Discussion au Corps législatif.

des procès que lorsqu'ils peuvent avoir des résultats
utiles. Il est de toute évidence que si les administrateurs
sont demeurés honorables, s'ils n'ont pas commis de
fautes graves, on n'ira pas intenter des procès contre
eux. — En regard de cette situation invraisemblable, il
y en a une beaucoup plus sérieuse et beaucoup plus
ordinaire ; c'est celle dans laquelle des fautes considérables ont été commises, et où les actionnaires ont droit
à une réparation. Pour ce cas-là, la disposition de l'article 22 est un avantage considérable [1]. » Au surplus fait
observer M. Duvergier, Commissaire du gouvernement :
« Cette disposition est aussi bien favorable à l'administrateur qu'à l'actionnaire. Si l'administrateur est condamné, il profitera de la simplification de la procédure,
car il aura moins de frais à payer ; et s'il gagne son
procès, que lui importe que l'action ait été intentée par
une ou par plusieurs personnes [2] ? »

Les commissaires sont nommés par l'assemblée générale, et ils sont désignés spécialement pour chaque procès ; la loi, en parlant *d'une action* à intenter, exclut par
là le mandat général. — Quant à leurs pouvoirs, ils sont
plus ou moins étendus, au gré des mandants. En thèse
ordinaire, les commissaires poursuivent et soutiennent
l'instance en leur nom, et c'est à leur requête ou contre
eux que sont faits tous les actes de procédure. Ils

[1] Discussion au Corps législatif. — [2] Id.

ont aussi le droit d'appel ou de défense sur l'appel des administrateurs, et celui de se pourvoir en cassation ou d'y défendre; mais ils n'ont le droit ni de transiger, ni de compromettre, ni de se désister.

Indépendamment de l'action qu'exercent les commissaires, chaque actionnaire peut en intenter une individuellement, en son nom personnel, pourvu qu'il n'ait pas concouru à la nomination des mandataires; car alors cette intervention ferait double emploi, et pourrait être repoussée par une fin de non-recevoir, qui compète aux administrateurs.

CHAPITRE III.

Dans les articles qui suivent, la loi nouvelle établit la sanction des dispositions que nous venons d'examiner, et toujours, à l'imitation de la loi du 17 juillet 1856, elle établit deux espèces de sanction : la nullité de la société, qui donne satisfaction à l'intérêt privé, et des dispositions pénales, qui donnent satisfaction à l'intérêt public.

Afin d'empêcher les administrateurs d'être placés entre leur devoir et celui de la société, l'art. 23 leur défend de prendre ou de conserver un intérêt direct ou indirect dans une opération quelconque, faite avec la société ou pour son compte, à moins qu'ils n'y soient autorisés par l'assemblée générale, pour certaines opérations spécialement déterminées. Le Projet primitif voulait la prohibition complète, mais la Commission fit admettre que les administrateurs pourraient être autorisés par l'assemblée générale pour certaines opérations déterminées. Ces principes ne sont que la consécration de l'art. 1596 du Code Nap., qui ne permet pas qu'on soit en même temps vendeur et acheteur, stipulant et promettant. — La loi anglaise est plus sévère. Le directeur, qui est partie prenante ou intéressée dans le bénéfice de quelque contrat passé avec la compagnie, est *de plano* privé de ses fonctionss

·L'article 24 prononce la nullité de la société pour toute infraction aux règles énumérées dans les articles 1, 3, 4, 5, 6, 7, 8 et 9. — Mais l'article 2, qui cependant contient une des dispositions substantielles de la loi, n'est pas mentionné dans cette énumération. Est-ce un oubli ? Quelques auteurs le pensent. D'après eux, l'erreur serait due à une inadvertance facile à expliquer. Le projet primitif avait fondu l'art. 2 dans l'art. 3 ; et comme cet art. 2 était relatif à une prescription secondaire et de pure forme, il n'avait pas été compris dans le nombre des articles dont l'inobservation entraînait la peine de nullité. Puis, lors du Contre-projet, on remania plusieurs articles dont on changea les numéros, et on ne songea plus à ces remaniements, lorsqu'on rédigea l'art. 24, auquel on conserva les indications d'articles puisées dans l'art. 11 du projet primitif. Du reste, le rapport de la Commission applique la peine de nullité à l'inobservation de l'art. 2, comme à l'inobservation des autres articles cités par l'art. 24. — Nous ne partageons point toutefois cette opinion. Selon nous, il n'y a pas ici d'oubli ; et si l'art. 24 ne fait pas mention de l'art. 2, c'est parce que dans le cas prévu par cet article, c'est-à-dire lorsque la société ne réunit pas sept membres, il y a non-seulement *nullité* de la société, mais aussi *inexistence*; *inexistence* qui peut être invoquée par tous et contre tous, tandis que la nullité de l'art. 24 est une nullité relative.

La nullité prononcée par l'art. 24 est d'ordre public; elle ne peut donc être couverte ni par l'exécution volontaire, ni par une ratification postérieure. Et, en présence de la disposition impérative de la loi, les tribunaux n'ont pas la faculté de refuser de prononcer l'annulation de la société, dès qu'on se trouve dans un des cas où la nullité est encourue.

Aux termes du 2e parag. de l'art. 24 : « sont également nuls les actes et délibérations désignés dans l'art. 10, s'ils n'ont point été déposés et publiés dans les formes prescrites par les art. 8 et 9. » Il est de toute évidence que la violation de l'art. 10 ne pouvait pas entraîner la nullité de la société, mais seulement celle des actes, énumérés dans lesdits articles, qui n'auraient pas été régulièrement déposés, transcrits et publiés.

Quels sont les effets de cette nullité? La nullité n'est prononcée qu'à l'égard des *intéressés*, sans qu'elle puisse être opposée aux tiers par les associés. L'art. 24 n'est que la reproduction de l'art. 6 (loi 17 juillet 1856), qui lui-même rappelle la disposition finale de l'art. 42 du Code de Commerce. — Mais quelle sera l'étendue de cette nullité? Quelle sera sa nature? Sera-t-elle absolue? Les associés pourront-ils s'en prévaloir les uns contre les autres? Nous le pensons. Le mot *intéressés* a ici le sens qu'il a dans l'art. 42 du Code de Com. Or, le Code n'a fait que consacrer les principes de l'Ordonnance de 1673 (T. iv, art. 6), qui prononce la nullité entre les associés, sans étendre toutefois cette peine aux tiers, ainsi que le voulait cette Ordonnance. Sans doute, l'équité et la bonne foi protestent contre cette règle sévère. Mais le législateur a voulu armer les associés les uns contre les autres pour les forcer à obéir à ses prescriptions; et regardant comme animé d'un esprit de dol contre les tiers l'associé qui néglige de s'y soumettre, il le punit par le refus de la protection de la loi à un tel contrat. — Quant à la communauté de fait qui aura existé entre les membres de cette société illégale, elle devra être l'objet d'une liquidation. Chaque associé pourra prouver que la société a eu, dans le passé, une existence de fait, et demander le règlement des intérêts qu'elle a fait naître. L'art. 15 de la loi du 17 juillet 1856, en se servant du mot *dissolution*, a pour but de montrer que la nullité n'a d'effet que pour l'avenir. Rien de plus juste! Ici, ce que l'équité commande, ce n'est pas de maintenir pour l'avenir des conventions illégales, c'est seulement de régler les rapports passés, d'après ce principe, qui ne permet pas qu'on s'enrichisse aux dépens d'autrui. D'ailleurs, s'il y a eu faute à ne pas obéir à la loi, la faute a été commune. Et l'on ne peut pas traiter différemment des individus coupables au même degré? « Que M. Locré, dit M. Troplong, ait pensé qu'il ne fallait tenir aucun compte de cette société de fait, et qu'il ne devait y avoir lieu, même pour le temps écoulé, à aucune communauté de pertes et de gains, c'est une opinion tellement exagérée qu'il serait superflu de la discuter. Il y a des affaires qui ont été faites en commun; on doit les régler, à moins de vouloir faire des sociétés de fait une espèce d'état sauvage, où il n'y a ni droit ni protection. Et, comme le disait Savary, est-ce qu'il n'y a pas des mises à retirer? Est-ce qu'il faut laisser le surplus au premier occupant[1]? »

Maintenant, pour régler les affaires communes, fera-t-on abstraction, comme le veut M. Molinier[2], du contrat originaire, pour procéder comme s'il n'existait pas? Non, certainement; la communauté se réglera d'après l'intention des parties. Pourquoi, en effet, ne pas admettre les clauses qui ont été convenues? Pourquoi substituer arbitrairement, à une convention admise d'un commun accord, une convention qui ne repose sur rien? En cherchant ailleurs que dans l'acte social les règles qui doivent être appliquées aux faits accomplis, on avantage nécessairement quelques-uns des associés, au détriment des autres; et il se trouve alors qu'une faute commune devient, pour quelques-uns de ceux qui l'ont commise, le principe d'un bénéfice, et, pour quelques autres, le principe d'une perte. De tels résultats ne condamnent-ils pas le système?

[1] Troplong. De la Soc. n° 249. — Locré, Esprit du C. de C. art. 42. — [2] Des Soc. n° 273.

Entre les associés et les tiers, la question se présente
sous un double aspect : ou ce sont les associés qui invoquent contre les tiers les conventions sociales, ou bien
ce sont les tiers qui invoquent contre les associés ces
mêmes conventions. Dans le premier cas, il est clair que
les associés ne peuvent avoir contre les tiers plus de
droits qu'ils n'en ont contre leurs co-associés. Aussi est-il
hors de doute que la société ne peut pas être opposée aux
tiers. Mais, dans le second cas, les tiers peuvent invo-
quer l'existence de la société et repousser l'exception de nullité invoquée par les associés. Cette solution est conforme à l'équité. Il serait injuste, en effet,
de faire retomber sur les tiers les conséquences de l'inobservation de la loi. Ont-ils quelque chose à se
reprocher? A-t-il été en leur pouvoir d'empêcher que
la faute ne soit commise? Décider autrement, n'est-
ce pas admettre les associés à bénéficier de leur négli-
gence?

Lorsqu'un des membres d'une société réunit à sa qualité d'associé la qualité de tiers, il a les mêmes droits
qu'un tiers. Et quand, dans l'acte social, tout en con-
courant à la formation de la société, il a traité avec elle
en son nom particulier, il peut, si la société vient à être
annulée, réclamer l'exécution du contrat intervenu entre
la société et lui. C'est ce que décide la Cour de cassation
en matière de commandite. Elle assimile l'associé à un
tiers véritable, lorsque les conventions intervenues entre

la société et l'un de ses membres sont entièrement distinctes des conventions sociales[1].

Nous venons de placer les tiers en face des associés ;
plaçons-les à présent en face d'autres tiers. Qu'arrivera-
t-il si les uns ont intérêt à se prévaloir de l'existence de la
société, et les autres à la considérer comme nulle? — Ce
conflit peut s'élever entre les créanciers sociaux et les créanciers personnels des associés. — Ceux qui demanderont
la nullité de la société devront l'obtenir, car ce sont des
intéressés, dans le sens de l'art. 24. Nous ne sommes
plus ici dans l'hypothèse que nous avons traitée tout à
l'heure. Ces tiers n'ont pas, comme les associés, une
faute à se reprocher, et, dans ce cas, la lutte est parfaitement légitime; il n'y a donc pas de raison de les sacri-
fier au profit de ceux qui veulent le maintien de la société.

Lorsque la société est annulée, la loi fait peser les
conséquences de cette annulation sur ceux à qui elle est
reprochable. Aussi déclare-t-elle les fondateurs, auxquels
la nullité est imputable, et les administrateurs en fonctions au moment où elle est encourue, responsables solidairement et par corps envers les tiers, *sans préjudice
des droits des actionnaires*, ce qui veut dire que si la
nullité a causé quelque dommage aux actionnaires,
ceux-ci pourront en obtenir la réparation, en se fondant

[1] Cass. 28 Fév. 1859.

sur les art. 1991 et 1992 du Code Napoléon. — Ici, la responsabilité des fondateurs et des administrateurs est forcée. Dans les commandites par actions, la responsabilité des membres du Conseil de surveillance n'est, au contraire, *que facultative*. Mais cela se comprend, puisque dans ces sociétés les gérants sont déjà responsables et solidaires. — Aux termes du 2ᵉ paragraphe de l'art. 25 : « La même responsabilité *peut* être prononcée contre ceux des associés, dont les apports ou les avantages n'auraient pas été vérifiés et approuvés conformément à l'article 5. » C'est là, en effet, un moyen très-fréquent de s'attribuer des bénéfices immérités. Dans ce cas, la responsabilité *est facultative*. — On trouve une disposition analogue dans l'art. 7 de la loi de 1856 ; seulement la loi de 1863 s'est montrée plus sévère, en soumettant à la responsabilité *tous* les associés, *fondateurs* ou non, qui ont fait un apport en nature ou stipulé des avantages particuliers.

Sur cet article M. Calley-Saint-Paul avait proposé d'exonérer, sous de certaines conditions, les administrateurs des responsabilités qui leur sont imposées pour l'accomplissement des diverses prescriptions dont l'exécution leur est confiée. Cet amendement était ainsi conçu : « Les administrateurs sont toujours libres de se libérer de la responsabilité que font peser sur eux les art. 11 et 12 (Projet primitif). — A cet effet, aussitôt l'accomplissement des formalités et stipulations prévues par les art. 3, 4, 5, 6, 7 et 8 (Projet primitif), ils devront rendre en assemblée générale un compte justificatif de cette partie spéciale de leur mandat. — Le compte rendu par eux sera préalablement soumis aux commissaires nommés aux termes de l'art. 8 ; ces commissaires feront de leur examen un rapport, et, ce rapport lu à l'assemblée générale, elle donnera ou refusera son approbation ; si le vote est favorable, il sera soumis à l'homologation du tribunal de Commerce ; le jugement d'homologation libérera complétement les administrateurs des responsabilités prévues par les art. 11 et 12. » Mais la Commission n'adopta point cette proposition, car elle ne trouva point la garantie de cette vérification équivalente à celle de la nullité inscrite dans la loi.

Maintenant, quelle est l'étendue de cette responsabilité? Dans le silence de la loi, il faut appliquer les principes du droit commun. Le législateur, en évitant de fixer une base unique et inflexible, a voulu laisser aux tribunaux toute latitude pour rechercher le préjudice causé partout où ils pourront le découvrir. Aussi pensons-nous que la mesure de la réparation ne doit pas s'étendre au delà du paiement des dettes, ce qui comprend l'exécution des engagements de la société envers les tiers.

L'article 26 détermine les effets de la responsabilité des commissaires envers la société, d'après les règles générales du mandat. L'étendue de ce mandat est fixée par des prescriptions qui sont toutes d'ordre public, et auxquelles il n'est pas permis de déroger. Aussi l'assemblée générale est-elle sans pouvoir pour restreindre ou étendre les droits des commissaires. — Nous n'entrerons point dans la discussion de la question du degré d'intensité des fautes, auxquelles est attachée la responsabilité du mandataire. Nous dirons seulement que les commissaires, salariés ou gratuits, doivent apporter aux affaires sociales la diligence ordinaire d'un bon père de famille. C'est là l'opinion de M. Troplong sur la responsabilité du mandataire [1]. — Quant à la mesure de cette responsabilité, elle est la réparation du préjudice causé ; question d'appréciation dont la règle est posée dans l'art. 1149 du Code Napoléon.— Lorsqu'il y a plusieurs commissaires qui agissent séparément, ceux-là seuls qui ont causé le dommage en sont responsables ; ils ne sont tous obligés, qu'autant qu'ils ont tous concouru à la faute ; mais alors ils ne sont tenus que par tête et divisément. En renvoyant aux principes du mandat, la loi consacre, à l'égard des commissaires, la règle de l'article 1995 du Code Nap., qui n'admet la solidarité entre les co-mandataires, qu'autant qu'elle est expressément stipulée. Ici le mandat des commissaires n'est qu'un mandat purement civil. — La loi de 1856 est envers les membres du Conseil de surveillance beaucoup plus sévère que l'art. 26.

[1] Troplong. Du Mandat n° 591.

Nous venons de parler de la responsabilité des Commissaires, voyons à présent quelle est celle des administrateurs. — Cette responsabilité est réglée par l'article 27. Le premier paragr. de cet article déclare les administrateurs responsables, conformément aux règles du droit commun, soit envers la société, soit envers les tiers, de tous dommages-intérêts résultant : 1° des infractions aux dispositions de la présente loi ; 2° des fautes par eux commises dans leur gestion. Cette seconde cause de responsabilité n'est que la consécration des principes auxquels sont soumis tous les mandataires (art. 1991 et suiv. du Code Nap.). — Maintenant comment s'exerce et se répartit cette responsabilité ? Lorsque l'administration est divisée, l'administrateur qui commet des fautes, dans la branche qui lui est confiée, est seul responsable. Les administrateurs ne sont tous tenus, qu'autant que la gestion est indivise entre tous ; et alors ils sont tenus solidairement. L'art. 1995 du Code Nap. cesse de recevoir son application, car le mandat des administrateurs, à la différence du mandat des Commissaires, est un mandat essentiellement commercial.

Le deuxième paragr. de l'art. 27 prévoit une faute spéciale, celle de distribuer des dividendes non réellement acquis. Aux termes de ce paragraphe, les administrateurs sont solidairement responsables du préjudice qu'ils ont pu causer, soit aux tiers, soit aux associés, en distribuant, ou en laissant distribuer, sans opposition, des dividendes qui, d'après l'état de la société constaté par les inventaires, n'étaient pas réellement acquis. La loi nouvelle supprime le mot *sciemment*, qui se trouve écrit dans la loi de 1856, pour nous montrer qu'il suffit d'une faute grave, pour que la responsabilité soit encourue, alors même que la bonne foi du distributeur serait présumable ou constante. Cette sévérité se justifie par cette considération que les administrateurs dressent eux-mêmes les inventaires, et que dès lors on ne peut point les assimiler à de simples surveillants étrangers à l'administration et réduits à voir ce qu'on leur montre.

Lors de la discussion de l'art. 27, M. de Saint-Paul avait demandé que la bonne foi sauvât toujours les administrateurs, car, selon lui, il faut n'avoir jamais fait d'inventaire pour venir rendre quelqu'un responsable d'une erreur faite de bonne foi dans un inventaire. Mais le Commissaire du gouvernement fit rejeter cet amendement. « Il n'est pas juste, dit-il, que la bonne foi puisse protéger, même contre la faute grave. Non pas que je veuille dire cependant qu'il suffira d'une faute imperceptible, une faute minime, pour que la responsabilité prenne naissance. Ce n'est jamais ainsi que les tribunaux ont apprécié la responsabilité des mandataires. La perfection absolue n'est pas de ce monde, et les choses humaines s'apprécient toujours humainement. Aussi la Jurisprudence la plus positive ne voit-elle une faute donnant lieu à la responsabilité que dans une faute grave. Il faut que le manda-

taire, que l'administrateur n'ait pas donné à l'affaire
dont il était chargé, les soins qu'un père de famille
donne ordinairement à sa chose propre; et en matière de
société, la Jurisprudence est encore plus indulgente, habituellement, parce que le sociétaire administrateur,
ayant des intérêts personnels dans la chose sociale, est
plus facilement présumé avoir apporté à la chose, dans
laquelle il a lui-même un intérêt, les soins qu'un propriétaire est présumé toujours apporter [1]. » Puis s'ex-
pliquant sur les exemples cités par M. de Saint-Paul
(Société de mines dans les comptes de laquelle on avait
fait figurer des galeries qui n'avaient pas été utilisées :
— Brevets d'invention qu'on soumet à des expériences),
le Commissaire du gouvernement ajoute : « lorsque
l'inexactitude de l'inventaire ne résultera que d'une dé-
préciation postérieure qu'on ne pouvait pas prévoir, il
va de soi que cette inexactitude, ne datant pas du moment
où l'inventaire aura été fait, ne constituera ni faute ni
responsabilité. La faute ne peut, en effet, dépendre d'é-
vénements qu'on n'avait pas pu prévoir; ce qui est
punissable, c'est l'inexactitude dont on pouvait s'assurer
au moment où l'inventaire a été dressé [2]. »

Mais que faut-il entendre par ces expressions *qui*
d'après l'état de la société constaté par les inventaires
n'étaient pas réellement acquis ? La disposition ne sera-t-

---

[1] Discussion au Corps législatif. — [2] Id.

elle applicable que lorsque la distribution aura été faite
en contradiction de l'inventaire qui aura été dressé, même
alors que l'inventaire serait inexact, et suffira-t-il qu'un
inventaire défectueux semble autoriser la distribution
pour qu'elle ne donne lieu à aucune responsabilité ? Ce
serait une erreur de le croire. La distribution sera re-
cherchable, qu'elle soit faite contrairement à un inventaire régulier, ou qu'elle ait eu pour motif un inventaire
défectueux qui ne constatait pas le véritable état de la
société, ainsi qu'aurait dû le faire un inventaire exact et
sincère. Dans ce dernier cas, la faute de la distribution
procède de celle qui a donné naissance à la confection
vicieuse de l'inventaire; elles se confondent l'une et
l'autre. Il faut donc entendre le mot inventaire, employé
dans le parag. 2 de l'art. 27, comme emportant avec lui
l'idée de l'exactitude et de la régularité. — Reste maintenant à déterminer la signification des expressions *réellement acquis*. Les bénéfices sont *réellement acquis* lorsqu'ils
ne peuvent plus échapper à la société, lorsqu'ils ne sont
plus à l'état de simple éventualité. Il ne suffit pas que des
opérations commencées fassent concevoir des espérances,
qui paraissent presque des certitudes, ni même que des
conventions faites, des marchés conclus, constituent des
droits véritables. Les résultats probables des entreprises,
les effets des conventions et des traités ne sont pas encore des bénéfices qu'on puisse distribuer. Mais il n'est
pas nécessaire que les bénéfices soient encaissés; ils

peuvent résulter d'une valeur, d'une traite, même d'une simple créance, pourvu qu'elle soit de nature à figurer à l'actif.

La responsabilité qu'édicte l'art. 27, paragr. 2, est imposée à tous les administrateurs, même à ceux qui n'ont point concouru à la distribution illégale. Un administrateur n'échapperait à la responsabilité qu'autant qu'il aurait fait une protestation formelle. — Cette responsabilité est, conformément au droit commun, de trente ans à l'égard des associés, et de cinq ans à l'égard des tiers ; ces cinq ans partent de la dissolution de la société, régulièrement prononcée (art. 64 du Code de Com.). — La Commission et M. Gouin, lors de la discussion, avaient proposé de limiter à cinq ans la responsabilité des administrateurs envers la société. — M. J. Favre demandait, de son côté, à ce qu'on fixât à dix ans le temps pendant lequel pourrait s'exercer l'action contre les administrateurs. Mais ces amendements furent repoussés. « Le principe général de notre législation, dit M. Duvergier, c'est que les actions ne sont éteintes que par la prescription trentenaire. Or il ne faut pas introduire trop légèrement des dispositions nouvelles, qui ne seraient pas en harmonie avec le système général de nos lois. Du reste, que faisons-nous en définitive? Une société commerciale d'une nouvelle espèce. Pourquoi donc ne pas lui appliquer les principes qui régissent la prescription en matière de société commerciale? Au surplus,

il n'y a pas là un danger sérieux dont les administrateurs puissent s'effrayer. De deux choses l'une : ou ils
ont rendu un compte fidèle de ce qui s'est passé, ils ont
averti les actionnaires que le dividende qui a été distribué
dans une année antérieure n'aurait pas dû l'être; dans
ce cas, les actionnaires éclairés recevront ou ne recevront pas un nouveau dividende; ils reconnaîtront qu'ils
n'auraient pas dû recevoir celui qui leur a été distribué
l'année précédente. Dans ce cas leur adhésion, si elle
est formelle, rendra impossible toute action contre les
administrateurs. Ou bien les administrateurs ont dissi-
mulé la faute qu'ils ont commise, ils ont tenu, pendant
plusieurs années, les actionnaires dans l'ignorance, ils
ont caché qu'ils ont distribué des dividendes qu'ils n'auraient pas dû distribuer; dans ce cas, je suis persuadé
qu'il suffit de signaler le fait à l'attention de la Chambre,
pour qu'elle ne soit pas disposée à adopter la proposition d'établir une courte prescription spéciale pour protéger les administrateurs [1]. »

Dans les deux paragraphes que nous venons d'examiner, la loi ne parle que des dividendes non réellement
acquis, sans prononcer le mot *intérêts*. Ce silence de la
loi a fait naître la question de savoir si, en l'absence
de bénéfices, il est permis de distribuer les intérêts du
capital versé. La négative est généralement admise,

---

[1] Discussion au Corps législatif.

Lorsque dans une société il n'y a pas de bénéfices, les associés ne peuvent rien se partager, pas plus sous couleur d'intérêts que sous couleur de dividendes. Toutefois, si le pacte social a dérogé à cette règle, nous pensons que la clause dérogatoire est parfaitement licite, soit au regard de la société, soit au regard des tiers. Au regard des associés, cela ne fait pas de doute ; c'est exactement comme s'ils avaient fait un apport grevé des sommes qu'ils pourront prélever sous forme d'intérêts. Nous déciderons de même à l'égard des tiers, car ils ont pu calculer, d'après la publication de la clause relative aux intérêts, que le capital social était exposé à une réduction éventuelle, et dès lors ils n'ont dû compter que sur un capital réductible.

Lorsque les administrateurs sont punissables pour avoir distribué des dividendes fictifs, les actionnaires sont-ils soumis au rapport de ces dividendes? Nous ne le pensons pas. L'actionnaire ici est assimilé à un commanditaire, or le commanditaire n'est pas tenu de rapporter les dividendes qu'il a perçus sans fraude. Cela résulte clairement du rejet de la proposition, faite au Conseil d'État, de consacrer l'obligation du rapport. Cela résulte aussi de la rédaction de l'art. 26 Cod. de Com., qui limite la responsabilité du commanditaire *aux fonds*, qu'il a mis ou dû mettre dans la société. Décider autrement, c'est changer la condition du commanditaire et de l'actionnaire d'une société à responsabilité limitée. C'est, en outre, éloigner les capitalistes des sociétés. Personne, en effet, ne voudra s'exposer à rapporter, après 10 ou 20 ans, les dividendes qui ont servi à pourvoir à ses besoins et à ses dépenses de chaque jour. Ces bénéfices passés sont, du reste, réputés consommés. — Mais, pour être dispensé du rapport, l'actionnaire devra être de bonne foi.

Non-seulement l'actionnaire ne rapportera pas les dividendes qu'il aura touchés; mais encore, si, au lieu de les percevoir annuellement, il les a laissés s'accumuler dans la caisse sociale, se bornant à les faire porter à son crédit, il pourra les retirer avant le paiement des dettes de la société[1]. L'actionnaire est, dans ce cas, un simple créancier ordinaire, dont la condition doit être la même que celle de tout autre créancier.

L'article 28 punit d'une amende de 50 à 500 francs toute contravention à la prescription de l'art. 11, qui exige deux choses : 1° l'inscription des mots *à responsabilité limitée* écrits lisiblement en toutes lettres sur les actes, factures... de la société; 2° l'énonciation du montant du capital social. — La loi anglaise punit cette contravention d'une amende de 50 liv. sterling (art. 31 de l'acte du 14 juill. 1856).

Aux termes de l'art. 29, sont punis d'une amende de 500 à 10,000 francs ceux qui, en se présentant comme propriétaires d'actions ou de coupons d'actions qui ne

[1] Rouen, 30 mars 1841.

leur appartiennent pas, créent frauduleusement une
majorité factice dans l'assemblée générale, sans préjudice de tous dommages-intérêts, s'il y a lieu, envers la
société ou envers les tiers. — Sont aussi punis de la même
amende, ceux qui ont remis les actions pour en faire
l'usage frauduleux. — Cette peine, qui n'est pas for-
mulée dans la loi du 17 juillet 1856, ne reçoit toutefois
son application qu'autant qu'au fait matériel se joint
l'intention frauduleuse; la loi crée un délit, et tout délit suppose une intention coupable.

Les articles 50 et 31 ne sont que la réproduction
presque littérale des art. 11, 12 et 13 de la loi de 1856.
— Le premier dispose que : « l'émission d'actions, faite en
contravention à l'article 3, est punie d'un emprisonne-
ment de huit jours à six mois, et d'une amende de 500 à
10,000 francs, où de l'une de ces peines seulement. —
La négociation d'actions ou de coupons d'actions faite
contrairement aux dispositions du même article, est punie d'une amende de 500 à 10,000 francs. — La même
peine est applicable à toute participation à ces négocia-
tions, et à toute publication de la valeur desdites actions. » Ainsi est puni des peines indiquées le fondateur
qui émet des actions d'une valeur inférieure à 100 ou à
500 francs, selon l'importance du capital social, ou qui
émet des actions au porteur avant leur entière libération, ou qui négocie des actions avant le versement des
deux cinquièmes. — L'émission consiste dans le fait de

créer les actions et de les mettre à la disposition du public. La négociation ne comprend que la transmission par les voies commerciales. —Quant au sort de la négociation entre les parties contractantes, il est laissé sous l'empire du droit commun.

L'article 51 punit des peines portées par l'art. 405 du Code Pénal, sans préjudice de l'application de cet article à tous les faits constitutifs du délit d'escroquerie : 1° ceux qui, par simulation de souscriptions ou de versements, ou par la publication faite de mauvaise foi de souscriptions ou de versements qui n'existent pas ou de tous autres faits faux, ont obtenu ou tenté d'obtenir des souscriptions ou des versements ; 2° ceux qui, pour provoquer des souscriptions ou des versements, ont de mauvaise foi publié les noms de personnes désignées, contrairement à la vérité, comme étant ou devant être attachées à la société, à un titre quelconque ; 3° les administrateurs qui, en l'absence d'inventaires, ou au moyen d'inventaires frauduleux, ont opéré ou laissé opérer, *sciemment et sans opposition*, la répartition de dividendes non réellement acquis. Ces manœuvres, d'un caractère analogue à celles qui constituent l'escroquerie, quoiqu'elles n'en réunissent pas toujours les éléments essentiels, méritaient une égale répression. — Dans le dernier paragraphe, la loi actuelle a ajouté à l'art. 13 de la loi de 1856, les mots *sciemment et sans opposition*, pour faire entendre que les administrateurs de bonne loi, ou ceux qui se sont opposés à la distribution, sont à l'abri de toute poursuite. Il faut donc, pour que les administrateurs soient punissables, le concours des trois conditions suivantes : 1° qu'il n'y ait pas d'inventaires ou que les inventaires soient frauduleux ; 2° que les dividendes distribués ne soient pas pris sur des bénéfices réels ; 3° qu'ils soient distribués *sciemment et sans opposition*. Le seul fait d'avoir distribué des bénéfices fictifs, alors qu'il existerait des inventaires non frauduleux, ne rentrerait point sous l'application de notre article.

Enfin, l'article 52 édicte que l'art. 463 du Code Pénal est applicable aux faits prévus par la présente loi. — Remarquons ici un vice de rédaction ; il ne s'agit pas de tous les faits prévus par la loi nouvelle, mais seulement de ceux qui peuvent être modifiés par l'application des circonstances atténuantes, c'est-à-dire de ceux qui sont passibles de peines correctionnelles.

Toutes les dispositions pénales dont nous venons de parler s'appliquent également aux sociétés étrangères, qui ne se conforment pas en France aux prescriptions de la loi.

Lors de la présentation du projet de loi sur les sociétés à responsabilité limitée, M. Calley-Saint-Paul demandait à ce que les sociétés en commandite pussent se convertir en sociétés à responsabilité limitée. Les termes de son amendement étaient les suivants : « Les sociétés en commandite pourront toujours se convertir en sociétés

à responsabilité limitée ; l'assemblée générale, spécialement convoquée à cet effet par le gérant et les commissaires de surveillance, délibérant à la majorité des trois
quarts des voix des membres présents, aura qualité
pour autoriser la conversion et faire aux statuts de la
société les modifications nécessaires pour les harmoniser
avec les prescriptions de la présente loi. » Mais cet
amendement fut rejeté. « La loi, dit le rapporteur
M. Du Miral, ne peut, sans violer la règle de la non-
rétroactivité , porter atteinte aux statuts des sociétés en
commandite, et y introduire une faculté qui n'aurait
pas été prévue, ou qui aurait pu être interdite. L'intérêt des actionnaires saura, du reste, trouver, sans le
secours de la loi, un moyen de réaliser cette transfor-
mation, quand ils y auront un réel avantage [1]. »

[1] Rapport de la Commission.

QUESTIONS.

Droit Romain.

I. A défaut de convention, les parts des associés sont égales, quelles que soient les mises.

II. La société n'est une personne morale, qu'autant que ce caractère lui a été attribué par une consécration de l'Etat.

III. L'associé qui contracte en son propre nom s'oblige seul, et les tiers n'ont aucune action contre les autres associés, bien que l'obligation ait tourné au profit de la société.

IV. Un associé doit faire raison à son croupier du dommage causé par ses co-associés, mais il n'est pas garant de l'insolvabilité de ses derniers.

Droit Civil. — Droit Commercial.

V. La société universelle de tous biens présents et à venir est frappée d'une nullité absolue.

VI. L'existence d'héritiers à réserve n'annule point la société universelle de tous biens présents ; elle ne conduit qu'à la réduction des avantages provenant de la

société, lorsque ces avantages dépassent la quotité dis-
ponible.

VII. La loi du 23 mai 1863 ne s'applique qu'aux
sociétés de commerce.

VIII. Les actions d'une société a responsabilité limitée
ne deviennent au porteur, qu'après la libération de toutes
les actions de la société, et non pas après la libération
des seules actions que l'on veut convertir.

IX. La nullité prononcée par l'article 24 (L. 1863)
peut être invoquée par les associés les uns contre les
autres.

X. Les tiers ont une action directe pour contraindre
le commanditaire au versement de sa mise.

XI. Mais ils ne peuvent pas exiger le rapport des bénéfices perçus de bonne foi.

Droit Administratif.

XII. Le Préfet a le droit de faire, pour toutes les Communes du Département, dans la même mesure que les
maires, des arrêtés de police municipale, lorsque ces
arrêtés ont pour objet le maintien de la sûreté générale.

XIII. Les ventes faites par les communes ne sont pas
de droit soumises à la surenchère, comme les ventes de
biens des mineurs.

Droit Pénal.

XIV. Lorsque le gérant d'une société en commandite

par actions est poursuivi correctionnellement (art. 15, L. 17 juill. 1856), les membres du Conseil de surveillance peuvent être cités devant le même tribunal, comme civilement responsables.

XV. En cas de récidive et d'excuse, il faut appliquer l'aggravation résultant de la récidive et ensuite l'atténuation de l'excuse.

La dissertation sur les sociétés du pro-docteur Commoy nous a paru ne renfermer aucune proposition qui puisse être un obstacle à son impression.

Dijon, le 26 juillet 1866.

Le Doyen,

MORELOT.

Vu et permis d'imprimer

Le Recteur,

L. MONTY.

Besançon, imp. de J. Roblot.

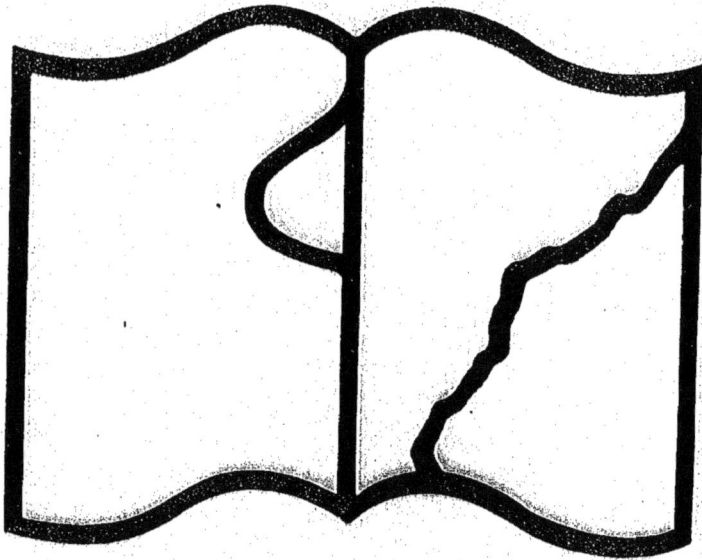

Texte détérioré — reliure défectueuse

NF Z 43-120-11

www.ingramcontent.com/pod-product-compliance
Lightning Source LLC
Chambersburg PA
CBHW071911200326
41519CB00016B/4565